平成の仮面ライダー伝説
ここに完結!

仮面ライダー大全

平成編 下

[キャラクター大全コンパクト]

風都に風を巻き起こす2人で1人の
仮面ライダー

製作スタッフ
原作／石ノ森章太郎　スーパーバイザー／小野寺 章(石森プロ)　プロデュース／本井健吾(テレビ朝日)・塚田英明・高橋一浩(東映)　プロデュース補／郷田龍一・望月 卓　脚本／三条 陸・長谷川圭一・荒川稔久・中島かずき　監督／田﨑竜太・諸田 敏・黒澤直輔・柴﨑貴行・石田秀範・坂本浩一　特撮監督／佛田 洋　アクション監督／宮崎 剛(ジャパン・アクション・エンタープライズ)　音楽／中川幸太郎・鳴瀬シュウヘイ　撮影／松村文雄・いのくままさおほか　照明／斗沢 秀・西田文彦ほか　録音／遠藤和生・堀江二郎ほか　VE／江島公昭・石川友一　美術／大嶋修一　装飾／権田光典・小宮孝司(東京美工)　装置／山本 優・大野 茂(紀和美建)　小道具／大熊雄己・奥村泰造ほか　キャラクター管理／中村 豊　FC／植竹篤史・入山美里　CA／小山祐輔・高橋一平ほか　メイク／若村和代・佐藤秦子(サンメイク)ほか　衣裳／杉山敦子・小林友美(東京衣裳)ほか　操演／高木友善・橋本一輝(ライズ)ほか　助監督／伊藤良一・塩川純平ほか　スクリプター／國米美子・栗原節子ほか　進行主任／滝沢栄・逸見 賢　制作進行／安達祥子・西嶋 勇　カースタント／西村信宏(タケシレーシング)　編集／長田直樹・須永弘志　EED／緩鹿秀隆(TOVIC)　MA／曽我 薫　選曲／金成謙二(ドン・カンパニー)　音響効果／大野義彦(大泉音映)　仕上げ進行／友安真富果　ラインプロデューサー／富田幸弘・道木広志　キャラクターデザイン／早瀬マサト(石森プロ)・PLEX　クリーチャーデザイン／寺田克也　資料担当／田嶋秀樹(石森プロ)　文芸／山辺浩一・番場洋子(キャラテックス)　造型／(株)レインボー造型企画　特撮スーパーバイザー／足立 亨　デジタル合成／南 剛　視覚効果／日本映像クリエイティブ　VFXアーティスト／長部恭平・三輪智章ほか　CGデザイナー／熊本周平・能沢 論(東映アニメーション)ほか　絵コンテ／なかの★陽　CG制作／(株)特撮研究所　特撮コーディネーター／鈴木啓造・中根伸治　制作担当／東 正信・本間隆廣ほか　技術業務／八木明広　制作デスク／武中康裕・青柳夕子ほか　制作／テレビ朝日・東映・ADK

2009年(平成21年)9月6日～
2010年(平成22年)8月29日放映
(以後劇場作品、Vシネマ公開)

仮面ライダーダブル
KAMEN RIDER DOUBLE

左翔太郎

（出演／桐山 漣）

私立探偵として〝風都〟を守る、心優しき〝ハーフボイルド（半熟野郎）〟！

↑幼馴染みがガイアメモリでドーパントになっている事実を知り、苦悩。

↑事件調査の依頼を受けると、ハードボイルダーに乗り、調査に向かう。

↑自身の探偵の師匠である鳴海荘吉の娘で、探偵事務所所長の亜樹子には、まったく頭が上がらない。

↑依頼者や被害者は勿論、犯罪者の気持ちをも汲み取ろうとするため、本人が迷走する事も多い。

→仮面ライダーWに変身せずにドーパントに立ち向かっていく、命知らずな一面を持つ。

学生時代の翔太郎

10代の頃は不良少年で、警察に追われる事も多かった。

老人となった翔太郎

（出演／名取幸政）

オールド・ドーパントの力で老人にされた事もあった。

生まれ育った街〝風都〟を、心から愛する男！

鳴海探偵事務所で探偵として働いている青年。本人は〝ハードボイルド〟を自任しているが、人情家のために感情に流されやすく、周囲からは〝ハーフボイルド（半熟野郎）〟と言われている。しかし、責任感が強く心優しい性格の持ち主で、かなりの理解者や協力者が存在する事も事実である。生まれ育った〝風都〟を心から愛しており、街のためには自らの命も惜しまない。

フィリップ

（出演／菅田将暉）

“地球（ほし）の本棚”と呼ぶ脳内図書館から あらゆる事象を検索する魔少年！

その正体は、園咲家の長男“来人”

1年前、鳴海荘吉と左 翔太郎が“組織”から救出し 少年。脳内に“地球（ほし）の本棚”と呼ばれるあらゆる 識が詰まった図書館を持ち、謎を解明していく。正体は 園咲家の長男“来人”だが、本人はその事実を知らない

↑翔太郎が収集したキーワードを基に情報を検索していく。

→様々な知識に興味を持ち、完全に体得しようとする。

←ガイアメモリを使用し、仮面ライダーWの右半身の力を担当する。

↓“ミュージアム では、ガイアメモ の製造に携わって いたらしい。

↑園咲若菜に対しては、実の姉だと判 する以前から特別な感情を抱いていた。

幼少時代のフィリップ

一度死亡したが、地球の記憶にアクセスする力を持って蘇生された。

相棒

ガイアメモリとダブルドライバーを使用し、2人でWに変身！

ガイアメモリ

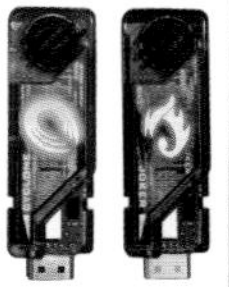

“地球の記憶”をプログラム化し、封じ込めてある生体感応端末。

←夢の世界で敵と対決した時は、岡っ引き姿で登場した。

→“2人で1人の仮面シンガー”として、ドーパントを誘き出そうとする。

↑翔太郎とフィリップは力を合わせ、ドーパントが発生させる事件を解決。

左半身の翔太郎と右半身のフィリップ！

左 翔太郎とフィリップは、ガイアメモリとダブルドライバーを使用して“2人で1人の仮面ライダー”、Wに変身する。その際、Wの左半身は翔太郎、右半身はフィリップがコントロールしている。

メモリガジェット

左 翔太郎やフィリップが使用する探偵道具。ボディーにギジメモリを挿入する事で、ガジェットモードからライブモードへと変形し、活動。

スタッグフォン
翔太郎とフィリップの携帯電話がクワガタムシ型メカに変形。

ビートルフォン
照井 竜の携帯電話がカブトムシ型のメカに変形したもの。

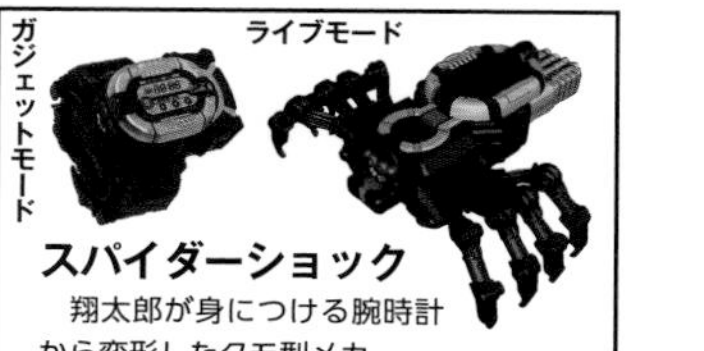

スパイダーショック
翔太郎が身につける腕時計から変形したクモ型メカ。

バットショット
デジカメからコウモリ型に変形する、特殊捜査用のメカ。

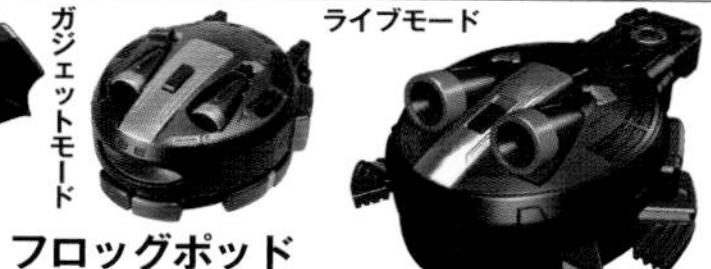

フロッグポッド
高性能サウンドスピーカーからカエル型メカに変形。

デンデンセンサー
ゴーグルスコープからデンデンムシ型メカに変形する。

仮面ライダーW

ガイアメモリの組み合わせによって、フォームが変貌！

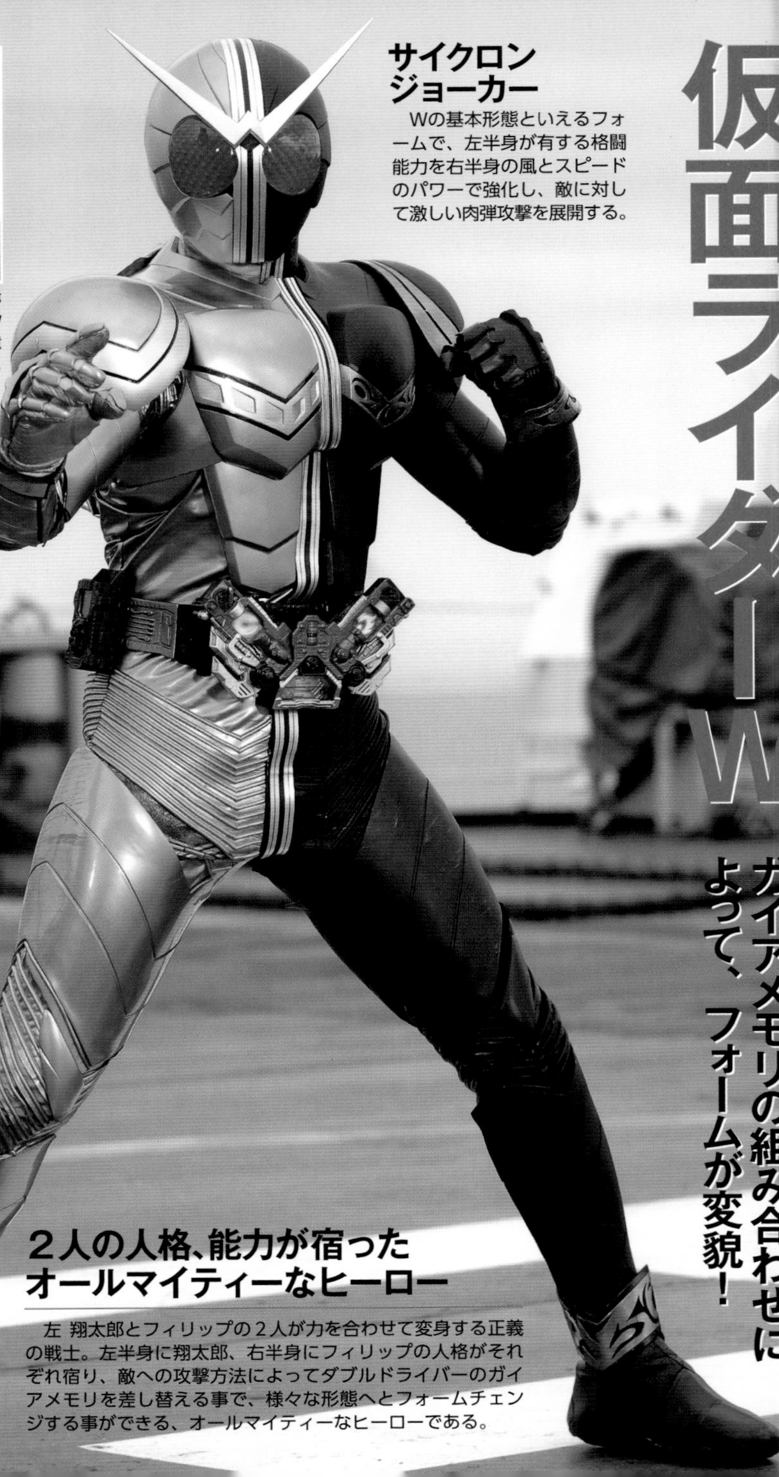

サイクロンジョーカー

Wの基本形態といえるフォームで、左半身が有する格闘能力を右半身の風とスピードのパワーで強化し、敵に対して激しい肉弾攻撃を展開する。

↑サイクロンの力で、強風を発生させ、空中へ舞い上がるように跳躍。

↑亜樹子の夢に登場したWは、彼女の意思で行動した。

↑空中で体を左右に分離して放つ技・ジョーカーエクストリーム。

↑敵に対し、「さあ、お前の罪を数えろ！」とセリフを決める。

ジョーカーサイド形態

ヒートジョーカー

ジョーカーの格闘能力にヒートの高熱が加わった。技はジョーカーグレネイド。

ルナジョーカー

ルナの変幻自在な力で右腕と右脚を伸縮させ、敵に予測不能な攻撃を仕かける。

2人の人格、能力が宿ったオールマイティーなヒーロー

左 翔太郎とフィリップの2人が力を合わせて変身する正義の戦士。左半身に翔太郎、右半身にフィリップの人格がそれぞれ宿り、敵への攻撃方法によってダブルドライバーのガイアメモリを差し替える事で、様々な形態へとフォームチェンジする事ができる、オールマイティーなヒーローである。

ヒートメタル

防御力と怪力を誇る左半身のメタルと、高熱と激しい闘争心を秘めた右半身のヒートが組み合わされた形態。専用武器のメタルシャフトで必殺技・メタルブランディングを決める。

↑極限まで増強された怪力と高熱で、ドーパントを粉砕する。

→メタルシャフトの一撃で、あらゆる物体を粉々に砕く。

ルナトリガー

射撃に長けた左半身のトリガーと、超常的なパワーを持つ右半身のルナが合体。専用武器はトリガーマグナム。

↑ルナトリガーを使用し、トリガーフルバーストという必殺技を敵に撃ち込む。

↑メモリガジェットを合体させ、トリガーマグナムの光弾や精度を強化することもできる。

←空中に飛翔した敵や巨大な敵を攻撃する際、ルナトリガーの射撃力が生きる。

メタルサイド形態

サイクロンメタル

サイクロンの風とスピードの力を生かし、メタルシャフトで旋風棒術を繰り出す。

ルナメタル

ルナの変幻自在な力でメタルシャフトを鞭状に変化させ、メタルイリュージョンを炸裂。

トリガーサイド形態

サイクロントリガー

サイクロンの疾風を生かし、光弾を拡散させて広い範囲を攻撃できる。

ヒートトリガー

ヒートの力でトリガーマグナムの光弾に高熱を加え、破壊力を強化。

仮面ライダーW

ファングジョーカー

ファングメモリを用い、フィリップの体をベースとして変身する形態。翔太郎の意思はジョーカーメモリに内包されている。

↑右脚にマキシマムセイバーを発生させ、敵めがけて必殺技・ファングストライザーを炸裂させる。

ファングメモリ

フィリップの護衛のために製作されたメモリ。"牙の記憶"を持ち、自らの意思で行動。

↑強い闘争心を有するため、暴走してしまう事も。

↑ショルダーセイバーを外し、敵に投げつける。

↓強い瞬発力を使い、敵に飛びかかっていく。

↑翔太郎の協力でフィリップの知性を取り戻し、亜樹子を守った。

ジョーカージョーカー
サイクロンサイクロン

ディケイドの力でサイクロンジョーカーが分離した。

エクストリームメモリ

内部にフィリップを取り込んで翔太郎の肉体と一体化させる、鳥型のガイアメモリ。

↑プリズムビッカーは、プリズムソードとビッカーシールドに分離することが可能である。

↑ビッカーファイナリュージョンは、プリズムビッカーから極大ビームを発射する最強の必殺技。

↑地球という巨大なデータベースと直結し、瞬時に情報を取り出す。

サイクロンジョーカーゴールドエクストリーム

サイクロンジョーカーエクストリームの最強進化形態。

サイクロンアクセルエクストリーム

照井 竜とフィリップがWに変身した際のイメージの姿。

サイクロンジョーカーエクストリーム

エクストリームメモリの装着によって左翔太郎とフィリップの心と体が一つとなり、進化を遂げたサイクロンジョーカーの究極形態。胸部のクリスタルサーバーから生成した専用武器・プリズムビッカーを使用し、４本のメモリのマキシマムドライブ同時発動が、リスクなしで行えるようになった。

↑通常のジョーカーメモリで変身する事も可能。強力なパンチを放つ。

↑必殺技は30m上空から繰り出す、破壊力３tのライダーキック。

仮面ライダージョーカー

左 翔太郎がロストドライバーとＴ２ガイアメモリのジョーカーを使用し、単独変身。優れた格闘能力を発揮。

仮面ライダーアクセル

強烈な加速力とキック力を有する！

照井竜

（出演／木ノ本嶺浩）

風都署超常犯罪捜査課に配属された、エリート警視！

↑謎の女性、シュラウドから与えられたアクセルドライバーとアクセルメモリを使用し、仮面ライダーアクセルに変身。

↑愛する家族を失い、怒りの感情を剥き出しに。

←「俺に質問するな！」が口癖でクールに見えるが、お人好し。

←鳴海亜樹子と愛を実らせ、結婚したが、ややぎこちない夫婦。

家族をドーパントに殺害される！

警視の階級を持つ若きエリート刑事で、風都署に新設された超常犯罪捜査課の課長。両親と妹をウェザー・ドーパントに殺害された過去を持ち、当初は復讐を最優先に考えていたが、鳴海探偵事務所での交流によって優しい心を取り戻し、自身の命を懸けて風都の平和を守る。

アクセル バイクフォーム

アクセルメモリの力によってオートバイ形態になったアクセル。時速920kmで走行。

加速キック・アクセグランツァーを放つ。

アクセルのアイテムは、ほとんどシュラウドが製作した。

爆風で吹き飛ばされ、機を迎えた事もある。

→光弾の直撃をものともせず、進撃していく。

（声の出演／幸田直子）

シュラウド

アクセルに協力する人物。その正体はフィリップの実母、園咲文音だった。

アクセルトライアル

トライアルメモリの力でアクセルが強化変身した超加速形態。10秒間のみ、音速での活動が可能。

↑連続蹴り・マシンガンスパイクを放つ。

アクセルブースター

ガイアメモリ強化アダプターを装着したアクセルメモリで変身。空中を自由に移動。

特殊ツールを使用し、2形態に強化変身！

照井 竜が〝加速の記憶〟を内包したアクセルメモリをアクセルドライバーにセットして変身した姿で、さらにバイクフォームへ体を変形させることも可能。後には2種の特殊ツールを使用してアクセルトライアルやアクセルブースターに強化変身。強力なドーパントに立ち向かった。

疾風、切り札！

ガイアメモリによる犯罪から風都に住む人々を守る！

ドーパントとして暴れる者の理由を知りながら、Wはやむなく対決する事も。

ドーパントとなった人間の心を救う!

左 翔太郎は、師匠・鳴海荘吉の遺志を受け継ぎ、風都の平和を守ることを決意。組織から救出したフィリップと力を合わせて仮面ライダーWとなり、ガイアメモリによる犯罪から市民を守ると同時にドーパントの力に溺れる者を救う戦いを開始した。

←翔太郎は、幼馴染みが変身したドーパントと対決する事になった。

↑ドーパントによる犯罪が多発し、遂にWの活躍が始まる。

↑ガイアメモリのセールスマン、ナスカ・ドーパントとの初対決。

↑フィリップが検索したダンスの技を駆使し、強敵を粉砕した。

↑２体のドーパントに奇襲されて、さすがのWも危機を迎える。

↑ファングジョーカーになったWは、強敵のナスカと再び対決す

↑家族を殺したドーパントを探すアクセルは容赦なく敵を攻撃する。

↓Wの説得により、アクセルも戦いに参加。

再びコンビを組む決意を固めた翔太郎とフィリップは、サイクロンジョーカーエクストリームに強化変身。

ドーパントに操られたアクセルが、Wに襲いかかる。

↑アクセルが探していた仇、ウェザーに苦戦する2戦士。

↑ドーパントを追い、Wは夢の世界の江戸時代へ突入。

照井 竜も特訓によってアクセルトライアルになる力を身に付け、憎いウェザーを撃破する。

船上で対決中、フィリップが検索で敵の弱点を発見。ジュエル・ドーパントをプリズムソードで粉砕した。

冴子が変身したレベル3のRナスカにはサイクロンジョーカーエクストリームも対抗できない。

風都を最大の危機に陥れたエターナルと対決するW。市民の応援を受け、超戦力を発揮する。

テラーを倒し、風都は平和になったと思われたが？

→ユートピアが再びガイアインパクトを起こそうと画策したが、Wが阻止する。

→1年後、再会した翔太郎とフィリップはWになり、新たな戦いを始める。

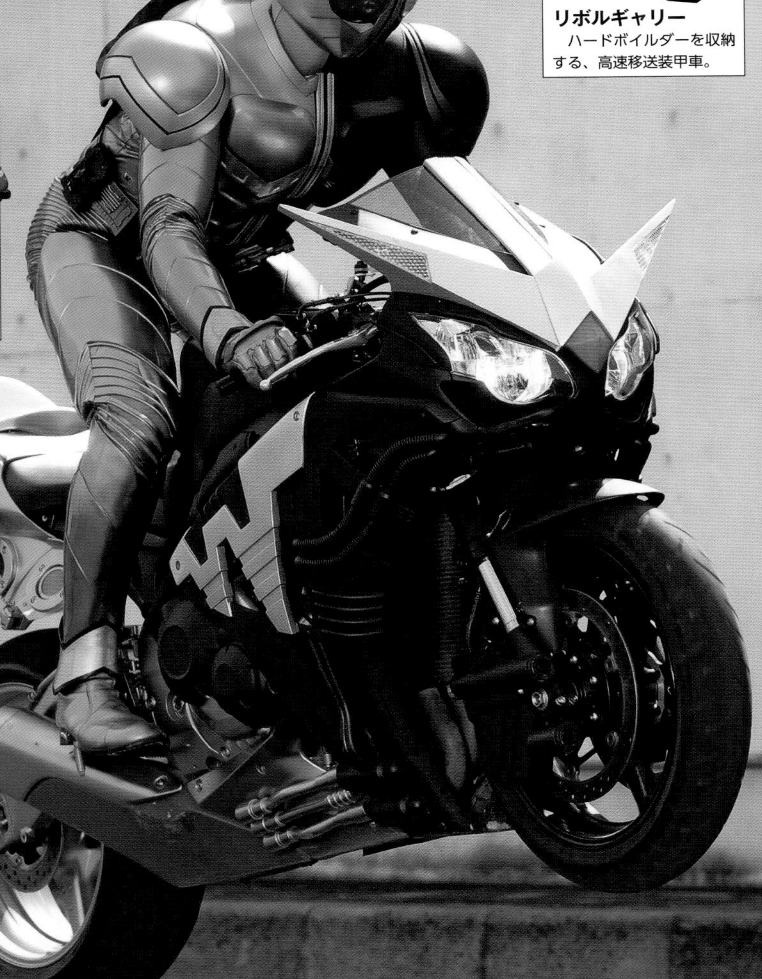

ハードボイルダー

仮面ライダーW専用 特殊モーターサイクル！

ハードタービュラー
超音速航空機形態。空中をM1.2の速度で飛行する。

ハードスプラッシャー
高速艇システム。水上・水中での敵の追撃に使用。

スタートダッシュモード
時速870kmをマークするドラッグレーサーモード。

ハードマンモシャー
敵のマンモスメカにハードボイルダーを強制換装。

リボルギャリー
ハードボイルダーを収納する、高速移送装甲車。

↑マシンで前方にある障害物を破壊し、ドーパントを追撃していく。

後部にテールユニットを換装し、陸海空全てのフィールドをカバー

仮面ライダーWが駆る特殊モーターサイクルで、後部3種のテールユニットを換装し、陸海空全てのフィールをカバーできるように設計されている。262.5kWの最出力と580kmの最高時速を誇る〝じゃじゃ馬〟である。

アクセルのマシン

ディアブロッサ
照井 竜が事件捜査などに使用している、大型マシン。

ガンナーA
シュラウドが開発したアクセルのサポートドロイド。

アクセルガンナー
バイクフォームの後部にガンナーAが合体した形態。

仮面ライダースカル

左翔太郎の師匠が変身する、“ハードボイルド”な戦士！

強力ドーパントと互角に渡り合う戦力を持つ！

鳴海荘吉がロストドライバーとスカルメモリを使用し、超人化した姿で、変身後も荘吉と同様にトレードマークのハットを被っている。専用武器・スカルマグナムで敵を次々と撃ち倒す。

↑スカルメモリの力を発動させ、必殺のライダーキックを打ち込む。

鳴海荘吉（出演／吉川晃司）

ハードボイルドな私立探偵。フィリップを救出した際に組織の銃弾を浴びて命を落とした。

スカルボイルダー

スカルのサポート用に開発された特殊マシン。

スカルギャリー

スカルが脳波コントロールする高速移送装甲車。

↓スカルマグナムによる射撃で敵に挑む。その命中力はWを上回る。

スカルクリスタル

荘吉がスカルメモリを使ってドーパントと戦う決意を固めていない時に変身した姿。

鳴海ソウキチ（出演／吉川晃司）

別世界でスカルに変身し、正義の活躍を続けている男。

仮面ライダーエターナル

エターナルメモリの力を最大限に引き出した姿！

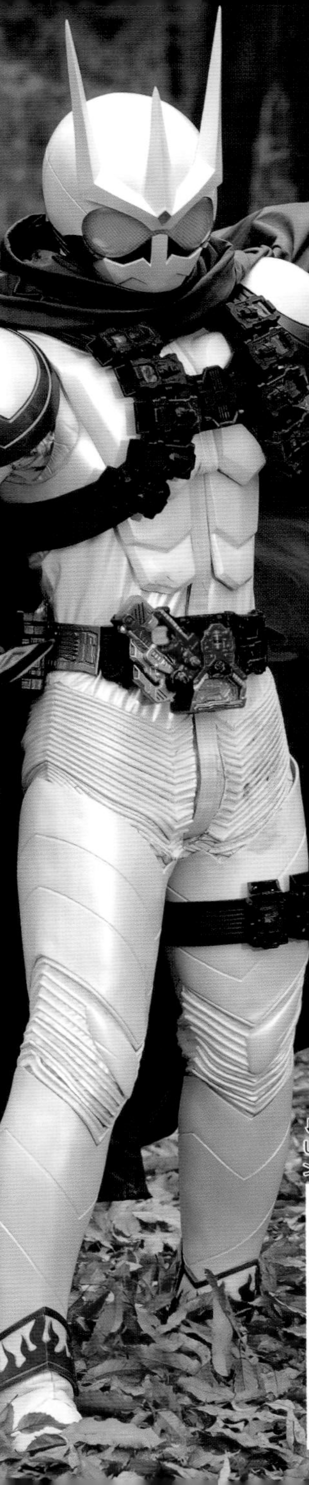

↑マントをなびかせながら空中を飛び、敵に襲いかかる。

全身に26本のT2ガイアメモリをセット

ＮＥＶＥＲの隊長・大道克己がロストドライバーとエターナルメモリを使用して変身した姿。全身にある26のマキシマムスロットにAからZまでのＴ２ガイアメモリをセットし、同時発動させる事で、凄まじい破壊力を持った攻撃を繰り出す。

大道克己

（出演／松岡充）

不死身の傭兵部隊・ＮＥＶＥＲを率い、ミュージアムが君臨する風都に攻撃を仕かけてきた。

↑専用武器・エターナルエッジで必殺斬撃を発動し、敵を倒す。

→自身の出身地でもある風都を地獄に変えようとした。

↓26のＴ２メモリの力を解放した必殺技・ネバーエンディングヘルを発動させる。

レッドフレア

加頭 順が、試作型エターナルメモリとロストドライバーを使って変身。戦闘中に不調となった。

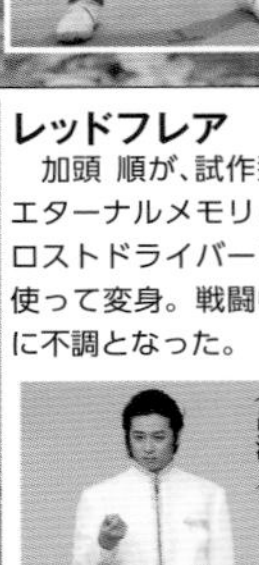

加頭 順

（出演／コン・テユ）

様々な組織に資金を提供する〝財団X〟のエージェント。

ミュージアム

園咲家が中心となり、ガイアメモリを開発・流通させている秘密組織！

（出演／寺田 農）

園咲琉兵衛

園咲家の家長で、ミュージアムの首領。ガイアゲートから得た〝地球の記憶〟を使って、誤った人類の進化を企てている。

テラー・ドーパント

琉兵衛がテラーメモリで変身。恐怖の力を持つ。

テラードラゴン

テラーの頭部から分離した、巨大モンスター。

（出演／生井亜実）

園咲冴子

裏でガイアメモリを流通させているディガルコーポレーションの社長で、園咲家の長女。父と妹に激しい憎悪を燃やしている。

タブー・ドーパント

冴子がタブーメモリで変身。破壊光球を放つ。

ナスカ・ドーパント（レベル3）

ナスカメモリで冴子が変身。高速で活動できる。

（出演／飛鳥 凛）

園咲若菜

園咲家の次女。ラジオ番組の人気ＤＪだったが父の後押しでミュージアムの中心人物になり、悪事に手を染めるようになる。

クレイドール・ドーパント

若菜が変身した姿。重力エネルギー弾を放つ。

クレイドール・エクストリーム

クレイドールの強化形態。超重力破壊弾を発射。

ミック

園咲家の飼い猫で、元は来人（フィリップ）のペット。

（声の出演／高戸靖広）

スミロドン・ドーパント

ミックがスミロドンメモリで変身。爪が武器。

（出演／君沢ユウキ）

園咲霧彦

ガイアメモリのセールスマンだったが冴子と結婚し、園咲家に入る。

ナスカ・ドーパント

霧彦がナスカメモリで変身。空中を飛び、ナスカブレードで攻撃する。

（出演／檀 臣幸）

井坂深紅郎

ドーパント専門の医師で、ほかのメモリの能力を吸収し、自身を強化する。

ウェザー・ドーパント

井坂がウェザーメモリで変身した姿で、照井の家族を殺した張本人。

〝地球の記憶〟の解明を最終目的に掲げている！

風都で権力を握る園咲家を中心に構成された秘密組織。人類の進化を掲げてガイアメモリの開発・流通販売を行っているが、その最終目的は〝地球の記憶〟を解明し、次女の若菜を使って地球にガイアインパクトを起こす事だった。

主要登場人物

鳴海亜樹子
（出演／山本ひかる）

荘吉の娘で、探偵事務所の２代目所長。

刃野幹夫
（出演／なだぎ武）

風都署刑事。翔太郎とは古い付き合い。

真倉 俊
（出演／中川真吾）

刃野の後輩で、まだまだ半人前の刑事。

ウォッチャマン
（出演／なすび）

風都の裏側の事情にも詳しい情報屋。

サンタちゃん
（出演／腹筋善之介）

翔太郎に協力するサンドイッチマン。

クイーン
（出演／板野友美）

風都に住む高校生の情報に詳しい少女。

エリザベス
（出演／河西智美）

クイーンと行動をともにする情報通。

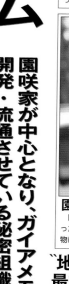

ドーパント

ミュージアムが風都内で販売するガイアメモリを使用し、人間が怪人化した姿。メモリに内包された情報によって超人的な力を身につけるが、体にダイレクトに刺す使用方法を何度も続けることは、かなり危険らしい。

マグマ・ドーパント

戸川陽介

（出演／YOH）

戸川がマグマメモリで変身。体から超高熱エネルギーを発し、あらゆる物体を瞬時に溶解する。

ティーレックス・ドーパント

真里奈がティーレックスメモリで変身。周囲の物体を吸収し、巨大化。

津村真里奈

（出演／山内明日）

ビッグ ティーレックス

マネー・ドーパント

加賀泰造

（出演／我修院達也）

加賀がマネーメモリで変身。腹部に貯めたライフコインを弾丸のように飛ばし、敵を爆破。

アノマロカリス・ドーパント（プロトタイプ）

鷹村の命令で、部下が実験品のガイアメモリを使用して変身。

アノマロカリス・ドーパント

鷹村がアノマロカリスメモリで変身。無数の歯を発射。

鷹村源蔵

（出演／伊東孝明）

ビッグ・アノマロカリス

コックローチ・ドーパント

伊刈

（出演／片桐 仁）

伊刈がコックローチメモリで変身。サイクロンジョーカーを凌ぐハイスピードで活動する。

スイーツ・ドーパント

佐々木由貴子

（出演／宮田万葉）

由貴子がスイーツメモリで変身。生クリーム状の体液を噴出させ、敵を捕獲。

バイラス・ドーパント

山村幸

昏睡状態の山村 幸がバイラスメモリで変身精神体となって人間に襲いかかる

マスカレイド・ドーパント

ミュージアムのメンバーがマスカレイドメモリで変身。集団攻撃を得意としている。

デス・ドーパント

死者を蘇らせると謳っていたが、ダミーが変身した偽物。

ダミー・ドーパント

ロベルト志島

（出演／手塚とおる）

ロベルトがダミーメモリで変身した怪人で、人間やドーパントに化ける能力を持つ。仮面ライダースカル（荘吉）に変身し、Wを翻弄した。

アルティメットD

ネオ生命体に吸収されたダミーが強化変身した、大怪物。

マスカレイド・ドーパント

火野

（出演／三島ゆたか）

火野がマスカレイドメモリで変身。求婚を拒否したクレイドールを襲うが、返り討ちにあう。

バイオレンス・ドーパント

上尾強

（出演／三好博道）

上尾がバイオレンスメモリで変身。全身を鉄球状に変化させ、敵に突進して体を押しつぶす。

アームズ・ドーパント

倉田剣児

（出演／西 興一朗）

倉田がアームズメモリで変身した怪人で、フィリップの誘拐が目的。腕を武器に変形させる。

バード・ドーパント

藤川統馬

（出演／木村遼希）

統馬や金村ーがバードメリで変身した人。"鳥人間"呼ばれ、街で戯を働いてい

バード・ドーパント（強化態）

江草茜

（出演／今野真菜）

冴子から受け取ったメモリの力で、茜が変身した姿。空中をM2.5で飛行し、火球弾を撃つ。

アイスエイジ・ドーパント

片平清

（出演／渋谷謙人）

清がアイスエイジメモリで変身。全身から強烈な冷気を放ち、全ての物体を凍らせてしまう。

トライセラトップス・ドーパント

綾がトライセラトップスメモリで変身。巨大化能力を持つ。

九条綾

（出演／木下あゆ美）

ビッグ・トライセラトップス

ライアー・ドーパント

沢田さちお

（出演／モロ師岡）

沢田がライーメモリで変頭部から撃ちすニードルで間の脳を操作催眠状態にす

パペティアー・ドーパント

堀之内慶應（出演／四方堂亘）

リコ

堀之内がパペティアーメモリで変身。人形を自在に操る。

インビジブル・ドーパント

リリィ白銀（出演／長澤奈央）

インビジブルメモリの力で、リリィ白銀が透明化した姿。

ナイトメア・ドーパント

福島元（出演／加藤康起）

福島がナイトメアメモリで変身。人間の夢の中に入る能力を持つ。

ビースト・ドーパント

有馬丸男（出演／勝矢）

有馬がビーストメモリで変身。重戦車を凌ぐ突進力と怪力を持つ。

ゾーン・ドーパント

有馬鈴子（出演／魏涼子）

鈴子がゾーンメモリで変身。空間を操り、敵を瞬時に移動させる。

イエスタデイ・ドーパント

須藤雪絵（出演／平田薫）

雪絵がイエスタデイメモリで変身。敵に24時間前と同じ行動をさせる。

ケツァルコアトルス・ドーパント

ケツァルコアトルスメモリを刺されたオウムが変身した怪物。

ホッパー・ドーパント

イナゴの女（出演／佃井皆美）

イナゴの女がホッパーメモリで変身。ミュージアムの反逆者を抹殺していく。

ジーン・ドーパント

川相透（出演／川野直輝）

川相がジーンメモリで変身。右腕のＤＮＡミキサーで遺伝子を組み替える。

ジュエル・ドーパント

上杉誠（出演／河合龍之介）

上杉がジュエルメモリで変身。腕から出すミストで人間をダイアモンドにする。

オールド・ドーパント

相馬卓（出演／小豆畑雅一）

相馬がオールドメモリで変身。人間を老化させる能力で翔太郎を老人にした。

サイクロン・ドーパント

マリア・S・クランベリー（出演／杉本彩）

マリアがＴ２サイクロンメモリで変身。気圧を自在に操る。

ルナ・ドーパント

泉京水（出演／須藤元気）

京水がＴ２ルナメモリで変身。腕からマスカレイドの幻影集団を生み出す。

ート・ドーパント

羽原レイカ（出演／八代みなせ）

レイカがＴ２ヒートメモリで変身。オートバイを使用した戦闘を得意とする。

トリガー・ドーパント

芦原賢（出演／出合正幸）

芦原がＴ２トリガーメモリで変身。右腕に装着した銃で、遠方の敵を攻撃。

メタル・ドーパント

堂本剛三（出演／中村浩二）

堂本がＴ２メタルメモリで変身。メタルシャフトを使い、棒術で襲ってくる。

T2 ガイアメモリのドーパント

風都の空中に散らばったＴ２ガイアメモリが市民に刺さり、ドーパント化したもの。

ユートピア・ドーパント

加頭順（出演／コン・テユ）

加頭がユートピアメモリで変身。重力を自在に操り、敵を地表に叩きつける。

エナジー・ドーパント

EXEのヘッド（出演／末高斗夢）

ＥＸＥのヘッドがエナジーメモリで変身。超電導弾を加速発射する力を持つ。

スパイダー・ドーパント

松井誠一郎（出演／山本太郎）

荘吉の相棒、松井がスパイダーメモリで変身。口から吐く糸で敵の自由を奪う。

バット・ドーパント

小森絵蓮（出演／かでなれおん）

ミュージアムの一員、小森がバットメモリで変身。口から超音波を放射する。

仮面兵士

コマンダーが生み出す、戦闘兵士集団。

コマンダー・ドーパント

相模広志（出演／田中実）

相模がコマンダーメモリで変身。多数の仮面兵士を指揮し、敵を追い詰める。

コマンダー・ドーパント（グレードアップ）

ガイアメモリ強化アダプターで変身する。

スイーツ・ドーパント

料理人（出演／三条陸）

料理人が、ミュージアムから流出した試作品のスイーツメモリで変身した。

アイズ・ドーパント

ドクター・プロスペクト（出演／春田純一）

ドクター・プロスペクトがアイズメモリで変身。目から破壊光線を撃ち出す。

仮面ライダーオーズ
KAMEN RIDER OOO

2010年（平成22年）9月5日～
2011年（平成23年）8月28日放映
（以後劇場作品公開）

オーメダル争奪の末に得た無限の絆！

製作スタッフ

原作／石ノ森章太郎　スーパー
バイザー／小野寺 章（石森プロ
プロデュース／本井健吾（テレビ
朝日）・武部直美・高橋一浩（東
映）プロデュース補／石川 啓（東
映）脚本／小林靖子・米村正二
毛利亘広　監督／田﨑竜太・
﨑貴行・金田 治・諸田 敏・石
秀範・舞原賢三・坂本浩一
撮監督／佛田 洋　アクション
督／宮崎 剛（ジャパン・アクシ
ン・エンタープライズ）音楽／
川幸太郎　撮影／松村文雄・
田幸治ほか　照明／斗沢 秀・
田文彦ほか　録音／畑 幸太郎・大井徹ほか　V
／江島公昭　美術／大嶋修一　装飾／権田光典
小宮孝司（東京美工）装置／山本 優・大野 茂（紀
美建）　小道具／大熊雄己・今井克也ほか　キャラ
ター管理／中村 豊　ＦＣ／植竹篤史・澤野 晃
Ａ／小山祐輔・後藤恵大ほか　メイク／佐藤秦子（
ンメイク）衣裳／杉山敦子・中山美佐（東京衣裳）ほか　操演／高木
善（ライズ）助監督／伊藤良一・山口恭平ほか　スクリプター／佐々木
子・森永恭子ほか　進行主任／滝沢 栄　制作進行／田中耕作・服部
カースタント／西村信宏（タケシレーシング）　編集／長田直樹　ＥＥＤ
緩鹿秀隆（ＴＯＶＩＣ）ＭＡ／曽我 薫　選曲／金成謙二（ドン・カンパ
ー）音響効果／大野義彦（大泉音映）仕上げ進行／友安真富果　ライ
プロデューサー／富田幸弘　キャラクターデザイン／早瀬マサト（石森
ロ）・ＰＬＥＸ　クリーチャーデザイン／出渕 裕・篠原 保　資料担当
遠藤広一・山辺浩一（石森プロ）造型／㈱ブレンドマスター　視覚
果／日本映像クリエイティブ　絵コンテ／なかの☆陽　ＣＧ制作／特
研究所　制作担当／東 正信・板垣隆弘ほか　技術業務／八木明広
作デスク／武中康裕・青柳夕子ほか　制作／テレビ朝日・東映・ＡＤＫ

火野映司

（出演／渡部 秀）

定職も住居も持たず、その日の小銭とパンツだけで暮らす！

周囲のエゴを受け入れる
自己犠牲的な姿勢の青年

過去に旅先で少女を救えなかった事に対する後悔から、せめて自分の周囲にいる人間だけでも守りたいと考え、オーズに変身してグリード、ヤミーに立ち向かう青年。自分自身の欲望には興味がなく、他人の願いやエゴを受け止める。

←グリードのアンクから託されたオーズドライバーとコアメダルの力で、オーズになる。

→アンクを巧みに誘導し、グリードとの戦いに協力させていたが、次第に心を通わせていく。

↑少女・ルウを死なせた事がトラウマになっている。

↑金に執着せず、わずかな小銭があれば良いと考える。

↑映画撮影のため、"本郷 猛"風の扮装で登場。

↑映司自身もグリード化し、アンクに襲いかかった事も。

映司グリード

映司が体内に恐竜系コアメダルを7枚投入され、力を抑えきれずにグリード化した姿。

仮面ライダーオーズ

コアメダルの選択によって多種多彩な姿にチェンジ!

↑持ち前のスピードを生かした戦闘が得意。

↑800年前の王が使用したメダルで真のオーズとなる。

←"オーズの器"となる最適合者だった映司が、メダルに選ばれたのか……。

↑両腕から展開したトラクローで敵の体を引き裂く。

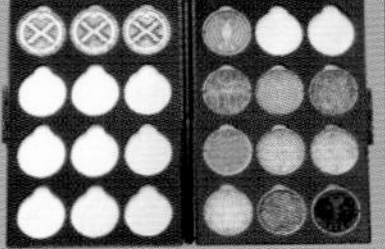

オーメダル

生物種の力が秘められたメダルで、人間の欲望から誕生。コアとセルの2種が存在する。

タトバ コンボ

タカ、トラ、バッタのコアメダルを用いて変身した姿。軽量性と強靭さを併せ持つ外骨格と瞬発力の高さや敏捷性を特徴とする、オーズの基本コンボである。

↓バッタレッグの跳躍力を生かし、敵の攻撃をかわす

タトバ コンボ(パープルアイ)

グリード化が進行した映司が変身した姿。自分の意思で行動や力を制御できない。

800年前、オーメダルを創造した王のために製作された!

オーズドライバーにセットした3枚のコアメダルの戦力・能力を、オースキャナーを使って体に宿し、登場する戦士。800年前にオーメダルを創造した王が変身し、その後封印されていたが、グリードの復活とともにこのシステムも蘇り、火野映司が使用するようになった。コアメダルの組み替えによって、多種多様のコンボや亜種形態にチェンジする事が特徴。

タカジャバ

タカキリバ

タカキリーター

タカトラーター

タカトラドル

タカトラタ

タカゴリバ

タカゴリタ

タカウタ

タカウバ

タカウーター

タカウゾ

ガタトラバ

ガタトラーター

ガタトラドル

ガタゴリーター

ラトラバ

ラトラゾ

ラキリバ

ラキリーター

ラゴリタ

ラウバ

サゴリーター

サジャゾ

サウバ

シャウバ

シャシャーター

シャトラーター

シャゴリーター

シャゴリタ

亜種形態

コアメダルが持つ特性をばらばらに宿した仮面ライダーオーズの特殊形態で、多彩な形態が存在する。戦闘力や特殊能力のバランスが悪い事が弱点といえるが、変身者である映司の体にはあまり負担が掛からないらしい。

アンク（出演／三浦涼介）

↓人間を信用していないが、映司には仲間意識を感じている。

鳥類系グリード。メダルが足りず、右前腕部だけの不完全な状態で現代に復活してしまったため、瀕死状態の刑事、泉 信吾の体に憑依した。映司をオーズの変身者に仕立てた。

←右前腕部だけで活動し、敵と対決する事もある。

→信吾の知識を利用し、現代社会に適応している。アイスキャンディーが好物。

アンク（グリード態）

800年ぶりに復活したアンク本来の姿。炎を操る力と高速飛翔力を持つ。

仮面ライダーオーズ

↑カマキリソードを用いた技、高速双剣術を見せる事もある。

↑タトバ コンボ以上の瞬発力や敏捷性を身につけているコンボ。

ガタキリバ コンボ

クワガタ、カマキリ、バッタのコアメダルを使用して変身する、昆虫系コンボ形態。数十体に分身し、巨大な敵に一斉攻撃を仕かけて粉砕する。

↑トライドベンダーに搭乗し、敵と対決する。

↑トラクローを展開し、空中から飛びかかる。

↑加速能力を生かして消音移動で敵を追跡。

ラトラーター コンボ

ライオン、トラ、チーターのコアメダルを使って変身する、猫類系コンボ形態。全身から超高熱を放射し、一瞬で敵を干上がらせる。

サゴーゾ コンボ

サイ、ゴリラ、ゾウのコアメダルを使って変身する、重量系コンボ形態。特定の対象にのみ重力を増大させたり、無重力化できる力を持つ。

↑怪力を生かしてメダガブリューを振り回す。

↑両腕部にあるゴリバゴーンを敵に撃ち出す。

↑爪状にした両脚で必殺キックを撃ち込む。

↓全身に炎を纏い、空中から敵に襲いかかる。

タジャドル コンボ

タカ、クジャク、コンドルのコアメダルを使って変身する、鳥類系コンボ形態。左腕に装着したタジャスピナーから強力な光弾を発射する。

↑タコレッグを8本に分裂させ、敵を蹴る。

↑電撃の鞭、電気ウナギウィップを振るう。

シャウタ コンボ

シャチ、電気ウナギ、タコのコアメダルを使って変身する、水棲系コンボ形態。水中での戦闘を得意とし、体を液化する能力を有している。

プトティラ コンボ

映司が体内に宿したプテラ、トリケラ、ティラノのコアメダルが自動的に飛び出し、強制的に変身させられる恐竜系コンボ形態。非常に凶暴なパワーを秘め、制御する事は困難。

巨大なフィンを伸ばし、中を高速で飛行する。

↓左右の肩にある角を伸縮させ、敵の体を刺し貫く。

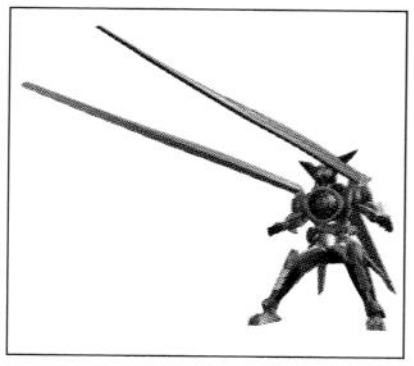

↑大地からメダガブリューを取り出し、敵を攻撃。

8大コンボ形態

分身したガタキリバコンボが、それぞれのコアメダルを使用して８種のコンボ形態に変身した姿。

↑ブラーンギーで頭部に巻かれたコブラを操る。

↑必殺技・ワーニングライドを敵に炸裂させる。

ブラカワニ コンボ

映司が、江戸時代で徳川吉宗から託されたコブラ、カメ、ワニのコアメダルで変身した、爬虫類系のコンボ形態。

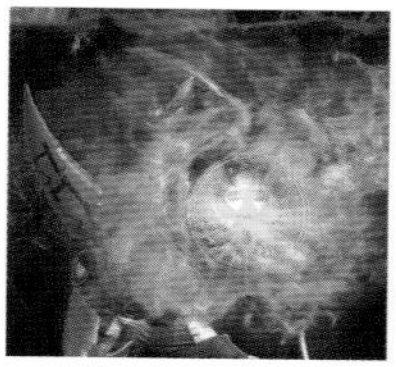

↑魂ボンバーという必殺技で、強敵を完全に粉砕する。

タマシー コンボ

強大な力を持つショッカー首領に立ち向かうため、タカ、イマジン、ショッカーのコアメダルで変身した特殊コンボ形態。モモタロスイマジンの腕っ節の強さと、悪の怪人の力を併せ持つ。

↑トラクローソリッドを使い、超銀河王と対決した。

スーパータトバ コンボ

未来の世界からもたらされたスーパータカ、スーパートラ、スーパーバッタのコアメダルで変身。通常のタトバとは比較にならないほどの力を発揮。

伊達明

（出演／岩永洋昭）

世界各地で医療活動に従事していた〝戦うドクター〟！

鴻上ファウンデーションにスカウトされる！

かつては世界各国で活動を行う医療チームに属しており、〝戦うドクター〟とも呼ばれていたが、紛争地域での活動中に頭に重傷を負い、その手術費用を稼ぐために鴻上ファウンデーションのスカウトを受け、バースの装着者となった。

↑おでんが大好物で、仕事終わりに立ち寄ることが多い。

↑ヤミーを倒すと同時に、セルメダルの収集も任務である。

→男気のある人物で、仲間の面倒見も良く、表裏のない性格である。

↑初代バース装着者として仲間の後藤慎太郎を教え導いた。

理想と現実のギャップに苦悩！

元はエリート警察官だったが〝世界の平和を守る〟という理念に燃え、鴻上ファウンデーションに転職した青年。伊達明を師のように仰いで心身を鍛え、遂に念願だったバースの２代目装着者となり、オーズと協力してグリードに挑んだ。

↑ライドベンダー隊の隊長だったが、敵によって部隊は壊滅。

後藤慎太郎

（出演／君嶋麻耶）

世界の平和を守る理念に燃える青年！

→伊達との交流の中で、柔軟な考え方をするようになった。

仮面ライダーバース

鴻上生体研究所が開発した生体強化スーツ!

↑携行型の専用武器・バースバスターからエネルギー弾を発射する。

オーズ、グリードの戦闘データを元に製作される!

鴻上生体研究所の真木清人博士が中心となって、オーズやグリードの戦闘データをベースに開発された、生体強化スーツの戦士。変身や戦闘にセルメダルのパワーを使用するシステムで、グリードやヤミーに匹敵するほどの戦力・能力を秘めている。

バース・CLAWs

変身アイテム、バースドライバーとともに開発された戦闘支援用ユニット群で、全6種が存在する。バースの腕や脚、胸部、背面に装着され、その戦力・能力を強化する。

CLAWs・サソリ

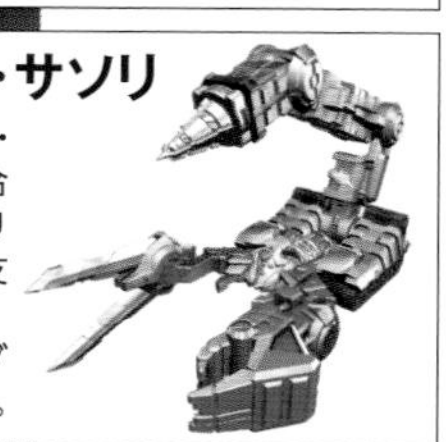

6種のバース・ＣＬＡＷｓが合体した、サソリ型の装甲戦闘支援型ドロイド。自律戦闘プログラムで敵と戦う。

そのほかのバース装着者

ノブナガ（出演／大口兼悟）

織田信長のミイラから生まれた生命体。

火野映司（出演／渡部 秀）

江戸時代でバースになり、鵺《ぬえ》ヤミーと対決。

バース・デイ

バース・ＣＬＡＷｓをバース自身にフル装備した形態。高い戦闘力を誇るが、セルメダルの消費も早い。

仮面ライダーバース・プロトタイプ

バースドライバーの試作第１号を用いて変身した、データ計測用の実験モデル。

欲望を超えた力！ 精神力でコアメタ グリード、ヤミーに

敵のテクノロジーを正義のパワーに変える!

偶然、アンクと遭遇した火野映司は、ヤミーの襲撃を受け、余儀なくオーズに変身する事となる。だが、自分の力でできる限りの人助けをしたいと考え、敵の力を利用した正義の戦いを開始するのだった。

←初変身では戸惑いながらも、アンクの指示で敵を倒す。

←亜種形態の力を有効に使い、敵の弱点に集中攻撃を浴びせる。

亜種形態の力ではグリードには敵わないが、敵の盲点を突き、コアメダルを手に入れる。

←メズールの空中攻撃に翻弄され、反撃のチャンスを発見できない。

↑コンボ形態で敵を圧倒するが、エネルギーの消費が早く、苦戦。

↓サゴーゾ コンボの怪力を生かし、敵に突進技・サゴーゾインパクトを撃ち込んだ。

↑タトバ コンボの攻撃でヤミーに挑んだが、トラとチーターのコアメダルを奪われる。

↓鎧武者怪人との対決中、プテラノドンヤミー（雌）の急襲を受け、敵を取り逃がす。

↑２体に分離したヤミーに苦しむオーズの前に新たな戦士バースが登場し、戦闘を開始

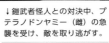

ルを制御し、
立ち向かう!

↑アンクから投げられた3枚のメダルで、タジャドルへと変身。

↓グリードとヤミーの連続攻撃に怯まず立ち向かう。

↑シャウタの電撃攻撃でカザリのパワーに対抗した。

↓ショッカー戦闘員と対立し、友情を確かめ合う？

強大な組織であるショッカーの大幹部怪人、ヒルカメレオンに全力で挑み、歴史を修正する。

↑もう一体のアンク（ロスト）が出現。さすがのタジャドル コンボも苦戦を強いられてしまう。

↓プトティラ コンボとなったオーズが暴走し、泉 比奈に襲いかかる？

↑倒したかに見えたメズールとガメルが復活し、復讐戦を挑んでくる。

↓バースがグリード側に寝返った？だが、これは伊達 明の作戦であった。

↑アンク（ロスト）のメダルを破壊し、吸収されていたアンクを救出。

鴻上会長が現代に復活させてしまっ
ガラ怪人態と激突。新戦士、フォー
や8大コンボの力で敵を粉砕する。

↑完全態となったガメルに追い詰められたバースの前にバース・プロトタイプが登場。力を合わせて敵と対決。

↓暴走する映司グリードを止めるため、アンクもグリード態となり、激しい戦いを展開して映司の変身を解いた。

↑自我を取り戻し、真のオーズとなった映司は、アンクの協力でタジャドルになり、恐竜グリードを打ち倒す。

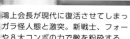

仮面ライダーコア

異形となった悲しみを憎しみに変える！

（声の出演／立木文彦）

巨大なるエネルギーの怪物！

サソリ、カニ、エビのコアメダルが、過去の仮面ライダーたちの記憶を内包したメモリーメモリを吸収し、誕生した巨大なエネルギー体。異形となった悲しみを憎しみに変え、地球のコアを攻撃する。

オートバイ形態

下半身をオートバイのような形態にし、地上を高速走行。

28人ライダー

ショッカーの支配から世界を解放するため、時空を越えて集合した勇者。岩石大首領に挑む。

4大スーパーヒーロー

世界人類の危機を察知し、登場したロボット兄弟、超能力戦士、流離いのヒーロー。ショッカーのジェネラルシャドウと対決した。

仮面ライダーポセイドン

時空の捻れを通じて出現

40年後の未来の世界で作られたサメ、クジラ
オオカミウオのコアメダルとポセイドンドラ
バーの力で湊 ミハルが変身した戦士だが、意
をメダルに乗っ取られ、現代で破壊活動を行う

↑長銛・ディーペストハープーンで敵を倒す。

未来のコアメダルで変身する悪の戦士！

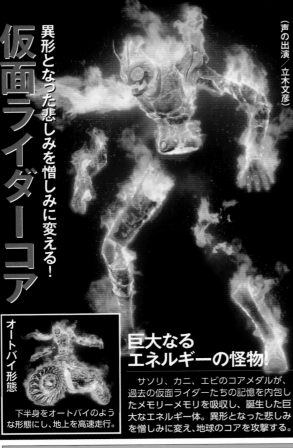

仮面ライダーアクア

生体強化リキッドを循環させ、装着者の身体能力を強化！

↑元々は未来で暴れるグリードに対抗するため、開発されたらしい。

（声の出演／浜田賢二）

湊 ミハル

（出演／荒井敦史）

体内のオーメダルに操られ、ポセイドンに変身する。

↑現代の銃弾などにはびくともせず、進撃してきた。

↑ミハルと分離し、メダルだけで活動するようになる。

湊 ミハル

（出演／荒井敦史）

メダルの支配から解放され、自身の意思で変身した。

↑水のパワーを放出し、敵をふっ飛ばす。

↑オーシャニックブレイクやアクアヴォルテクスという必殺キックを繰り出す。

アクアミライダー

アクア専用に開発された水上バイク。時空間の移動も可能。

周囲の水や水蒸気を吸収！

湊 ミハルがアクアドライバーを用いて変身する、未来の仮面ライダー。周囲の水や水蒸気を体内に取り込んで、生体強化リキッド、マナスアクアを活性化させ、凄まじい戦闘力を発揮できる。

→敵めがけて強烈な掌底突きを撃ち込み、装甲を砕く。

ライドベンダー

可変型特殊モーターサイクル！

マシンベンダーモード

カンドロイドが入手できる自動販売機。

トライドベンダー

ライドベンダーにトラカンドロイドが合体した強化形態。

↑ライドベンダーに搭乗し、巨大なヤミーを攻撃する。

マシンバイクモード

ライドベンダーのバイク形態で、最高出力395kW、最高時速610kmを誇る。各種のセンサーを備え、耐久力も強い。

自動販売機型からモーターサイクル型に変形

オーズやバース、または鴻上ファウンデーション所属の部隊が使用する可変型特殊モーターサイクル。最大の特徴は、カンドロイドを活用するための重要拠点ともいうべきマシンベンダーモードから、マシンバイクモードへの変形機能を有する事である。

カンドロイド

オーズやバースの戦闘をサポートするメカ。カンモードから生物型のメカモードに変形。

カンモード

メカモード

タカカンドロイド
反重力を使って空中を飛行し、オーズの戦闘を支援。

メカモード

タコカンドロイド
同タイプのメカでアームを繋げ、マシンの道を作る。

メカモード

バッタカンドロイド
障害物の多い地形でメダルを回収。通信機にもなる。

メカモード

トラカンドロイド
ライドベンダーと合体し、性能を拡張強化するメカ。

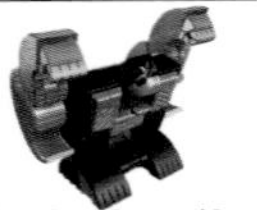

メカモード

ゴリラカンドロイド
怪力を誇る強行支援型。両腕でセルメダルを飛ばす。

メカモード

電気ウナギカンドロイド
敵の体に巻きつき、強烈な電撃を流して痺れさせる。

メカモード

クジャクカンドロイド
生物の脳波に干渉する微弱な電磁波や蜃気楼を駆使。

メカモード

プテラカンドロイド
嘴の部分から振動波を放射し、周囲の物体を破壊。

メカモード

トリケラカンドロイド
強烈な突進力で敵にぶつかり、2本の角を突き刺す。

グリード

数枚のコアメダルを核に、セルメダルを細胞として体を構成する怪人！

欲望を求めて暗躍！

800年前に誕生した怪人で、数枚のコアメダルを核とし、そこに無数のセルメダルが集中して体を構成している。強い欲望を持つ人間にセルメダルを投入し、ヤミーを生み出す。

ウヴァ

完全体

昆虫を思わせる姿と能力を持ったグリード。右腕に装備した鉤爪で敵を切る。

不完全体

グリードの中で最もオーメダルに固執。

人間態（出演／山田悠介）

直情型で激昂しやすく、すぐキレる。

カザリ

完全体

猫科の動物を思わせる姿と能力を持ったグリード。素早い攻撃を得意とする。

不完全体

仲間からメダルを奪い、喜びを感じる。

人間態（出演／橋本汰斗）

敵対関係のアンクや人間とも手を結ぶ。

アンク（ロスト）

（声の出演／入野自由）

アンクの身体部分が欲望を持った事で誕生した、もう一人のアンク。

右前腕のアンクを吸収した姿。

人間態（出演／飛田光里）

通行人の少年の姿をコピーした。

メズール

（声の出演／ゆかな）

完全体

水棲生物を思わせる姿と能力を持ったグリード。水を自在にコントロールする。

不完全体

仲間を取りまとめるが、性格は冷酷。

人間態（出演／未来穂香）

ガメルを子供のように愛している。

ガメル

完全体

重量系動物の姿と能力を持ったグリード。凄まじい怪力を活かして暴れ回る。

不完全体

子供のような純粋さと凶暴性を持つ。

人間態（出演／松本博之）

自分の欲望に素直で、駄菓子を好む。

恐竜グリード

恐竜系のコアメダルを体内に取り込んだ真木が、グリードに変貌した。

世界を終末に導こうと画策する科学者。

真木清人（出演／神尾佑）

主要登場人物

泉 比奈（出演／高田里穂）

服飾系専門学校へ通う少女。怪力の持ち主。

泉 信吾（出演／三浦涼介）

警視庁刑事で比奈の兄。アンクに体を利用される。

白石知世子（出演／甲斐まり恵）

比奈がアルバイトをする、多国籍料理店の店長。

鴻上光生（出演／宇梶剛士）

鴻上ファウンデーション会長。メダルを集める。

里中エリカ（出演／有末麻祐子）

鴻上会長の秘書。高い実務・戦闘能力を持つ。

徳川吉宗（出演／松平 健）

江戸幕府の８代将軍。オーズとともに敵と対決。

ヤミー

グリードが、強い欲望を持つ人間にセルメダルを挿入して誕生させる、欲望の塊のような生物。人間の欲望を吸収し続け、サナギのような白ヤミーから昆虫、猫科、水棲生物、重量級生物等の姿に変異してセルメダルを増殖し続ける。

白ヤミー

誕生した直後のヤミー。成長に必要な人間の欲望を探す。

カマキリヤミー

（声の出演／前野智昭）

宝石店の客の欲望から誕生。鎌からエネルギー刃を放つ。

オトシブミヤミー

大金持ちになりたい男の欲望から生み出された巨大怪物。

ネコヤミー

（声の出演／勇吹輝）

大食漢の青年の欲望から誕生。敵の攻撃を全て跳ね返す。

ピラニアヤミー

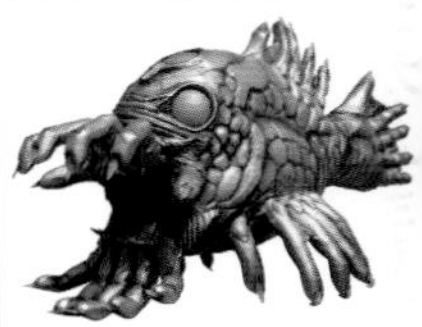

買い物依存症の少女の部屋に産みつけられた卵から出現。

バイソンヤミー

ガメルの体から誕生。恐るべき怪力を持つ。

サメヤミー

爆弾魔の欲望から生まれた。水爆弾を使用。

アゲハヤミー

（声の出演／細谷佳正）

有名になりたい男から誕生。空中を飛行。

シャムネコヤミー

（声の出演／吉岡さくら）

手術がしたい外科医の欲望から生まれた。

屑ヤミー

半分に割ったセルメダルの破片から出現。

水棲系ヤミー

メズールが誕生させたヤミー。正体は不明。

プテラノドンヤミー（雄）

（声の出演／下山吉光）

メモリーメモリで、過去のライダーたちの記憶を集める。

プテラノドンヤミー（雌）

（声の出演／道添愛美）

バレリーナの踊りたいという欲望から誕生。風を起こす。

鎧武者怪人 完全体

（声の出演／酒井敬幸）

ノブナガ

（出演／大口兼悟）

不完全体

織田信長のミイラとコアメダルの力で誕生。

リクガメヤミー

ガメルが生み出した怪人。格闘戦が得意。

巨大グリード暴走態

メズールがガメルを吸収し、出現した怪物。

カブトヤミー

（声の出演／三宅健太）

剣道を究めたい少女の欲望から生まれた。防御力が強い。

クワガタヤミー

（声の出演／檜山修之）

カブトヤミーから分離して誕生。剣道場の師範を狙う。

ライオンクラゲヤミー

（声の出演／土平ドンペイ）

脱獄犯人の欲望から誕生。電撃と竜巻を操る。

クラゲヤミー

ライオンクラゲヤミーから分離し、敵に襲いかかる。

バッタヤミー

悪人を許せない男の欲望から誕生した。電撃を放射する。

エイヤミー

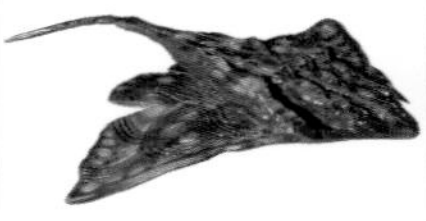

美容サロンの研究主任の欲望から誕生。同族が複数存在。

エイサイヤミー

（声の出演／鳥海浩輔）

メズールとガメルのメダルをカザリが取り込み、生まれた。

イトマキエイヤミー

エイサイヤミーが巨大化して、イトマキエイの姿となったもの。

オウムヤミー（青）

（声の出演／坪井智浩）

ボクサーの欲望から誕生。空中を飛び、火炎弾を撃つ。

オウムヤミー（赤）

生み出された経緯や、基となる欲望が一切不明のヤミー。

イカジャガーヤミー
（声の出演／銀河万丈）

ショッカー戦闘員の欲望から誕生した強敵。

ショッカー戦闘員

千堂 院
（出演／杉村蟬之介）

仮面ライダーに敗北し続けた、戦闘員の生き残り。オーズに挑戦する。

戦闘員系ヤミー集団

ライダーに勝ちたいという欲望から誕生。悪の組織の戦闘員に酷似。

ショッカー

アンクが1971年に落としてきたメダルの力で、世界を支配した組織。

ヒルカメレオン

ブラック将軍
（出演／福本清三）

ブラック将軍が変身した怪人。保護色を利用して姿を消し、襲う。

ジェネラルシャドウ
（声の出演／柴田秀勝）

元デルザー軍団の大幹部で剣の達人。

ショッカーグリード
（声の出演／石川英郎）

ショッカーメダルが元になって誕生した最強怪人。空中攻撃が得意。

カメバズーカ

背中に強力なバズーカを装備した亀怪人。体内に原子爆弾を持つ。

ショッカー怪人軍団

ショッカーが様々な悪の組織から選抜した、強力怪人集団。28人ライダーと対決。

ショッカー首領
（声の出演／納谷悟朗）

ショッカーと、統合した悪の全組織を支配する、一つ目の怪人。

岩石大首領
（声の出演／納谷悟朗）

ショッカー首領の真の姿である、岩石の怪物。

シャチパンダヤミー

真木の欲望から誕生。無関係の女性を襲った。

クロアゲハヤミー
（声の出演／羽飼まり）

金を稼ぎたい男の欲望から誕生。

プテラノドンヤミー（雄）
（声の出演／神奈延年）

欲望を無に帰すため、人間を襲う。

プテラノドンヤミー（雌）
（声の出演／鶴ひろみ）

口から人間を消滅させる霧を放射。

フクロウヤミー

映司の同級生から誕生。羽を飛ばす。

ユニコーンヤミー
（声の出演／松本 大）

トロフィーから誕生。夢を破壊。

ウニアルマジロヤミー
（声の出演／伊丸岡篤）

ガメルの情眠欲から誕生。針を発射。

軍鶏ヤミー
（声の出演／高階俊嗣）

町内会長の妻の欲望から誕生。鉄拳が武器。

アンキロサウルスヤミー
（声の出演／桐井大介）

真木が氷から生み出した。棘を発射。

ハゲタカヤミー
（声の出演／勇吹 輝）

男の嫉妬心から誕生。鋭い爪と暴風攻撃で人間を襲う。

ナイト兵
（声の出演／勇吹 輝）

ガラのアジトから出現した戦闘用兵士。武器はサーベル。

鵺《ぬえ》ヤミー
（声の出演／北沢 力）

ガラが江戸時代に送り込んだ、伝説の動物、鵺の怪人。

ベル
（出演／荻野可鈴）

現代で人間たちの欲望を叶え、メダルを集める。

ガラ
（出演／酒井美紀）

800年前、王の命令でコアメダルを製作した錬金術師。

ガラ怪人態
（声の出演／大友龍三郎）

ガラがメダルの力で変身した姿。鋭い爪で敵を引き裂く。

ガラ怪物態
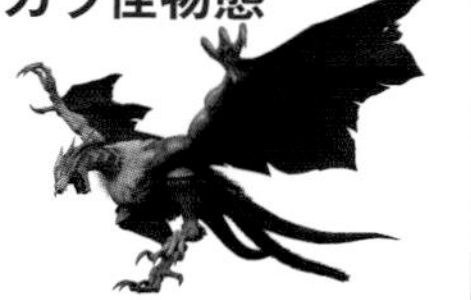
全てのコアメダルを手に入れたガラが変身する、巨大怪物。

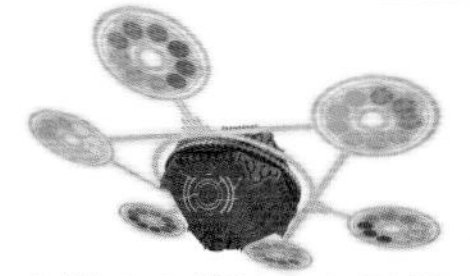
メダルの器 暴走形態
体内に大量のコアメダルを入れられ、欲望の器になったウヴァ。

宇宙、キターッ! 青春スイッチ、オン!

制作スタッフ
原作/石ノ森章太郎　スーパーバイザー/小野寺 章(石森プロ)
ロデュース/本井健吾(テレビ朝日)・塚田英明・高橋一浩(東映)
プロデュース補/中世古裕美(テレビ朝日)・高橋勇樹・沖 拓史(東映
脚本/中島かずき・三条 陸・長谷川圭一　監督/坂本浩一・石田
範・柴﨑貴行・諸田 敏・田﨑竜太・山口恭平・渡辺勝也　特撮監
/佛田 洋(特撮研究所)　アクション監督/宮崎 剛(ジャパンアク
ョンエンタープライズ)　音楽/鳴瀬シュウヘイ　撮影/倉田幸治
いのくままさお・植竹篤史　照明/斗沢 秀・西田文彦　録音/村
洋祐・堀江二郎　視覚効果/日本映像クリエイティブ　美術/大
修一　装飾・小道具/東京美工　装置/紀和美建　メイク/サン
イク　衣裳/東京衣裳　助監督/山口恭平・杉原輝昭・塩川純平
か　編集/長田直樹・伊藤伸行　MA/曽我 薫　選曲/金成謙二
音響効果/大野義彦　キャラクターデザイン/田嶋秀樹・PLEX
クリーチャーデザイン/麻宮騎亜　造型/ブレンドマスター　絵
ンテ/なかの★陽　特撮コーディネーター/中根伸治　特撮スー
ーバイザー/足立 亨　ラインプロデューサー/富田幸弘　制作/
レビ朝日・東映・ADK

仮面ライダーフォーゼ
KAMEN RIDER FOURZE

2011年(平成23年)9月4日〜2012年(平成24年)8月26日放映

如月弦太朗

（出演／福士蒼汰）

天ノ川学園高校の全生徒と友人になると豪語する、“バッドボーイ”！

ヘアスタイルに独自のこだわりがあり、変更することは少ない。

↑超人的な身体能力を使い、女子生徒のために川へと飛び込んだ。

宇宙生命の種・ＳＯＬＵが変身した美咲撫子に、恋愛感情を抱く。

↑粗暴なタイプではないが、相手の暴力には屈せずに立ち向かう。

幼馴染みの城島ユウキのサポーで様々な困難を乗り越えていく。

↑初めは対立した生徒たちと友情を深め、仮面ライダー部を結成。

アストロスイッチ

宇宙空間に存在する未知のエネルギーであるコズミックエナジーの力を引き出し、マテリアライズするアイテム。

友情を重んじる真っ直ぐな性格の青年！

天ノ川学園高校の２年Ｂ組へ転校してきた青年。リーゼント頭で短ランという風貌のため、一見すると不良学生風ではあるが、友情に厚い一本気な性格。仮面ライダーフォーゼに変身する力を手に入れ、学園の平和を乱す謎の怪人、ゾディアーツと対決する。

仮面ライダーフォーゼ

↑地上はもちろん、宇宙空間や月面でも自身の戦闘力・能力を最大限に発揮し、敵に挑む。

戦術に合わせて両腕・両脚にフォーゼモジュールを換装!

如月弦太朗がフォーゼドライバーとアストロスイッチを用いてコズミックエナジーを身に纏い、変身した姿。両腕・両脚にフォーゼモジュールと呼ばれるマルチパーパスユニットシステムを換装。その性能を活かした戦術を展開する。

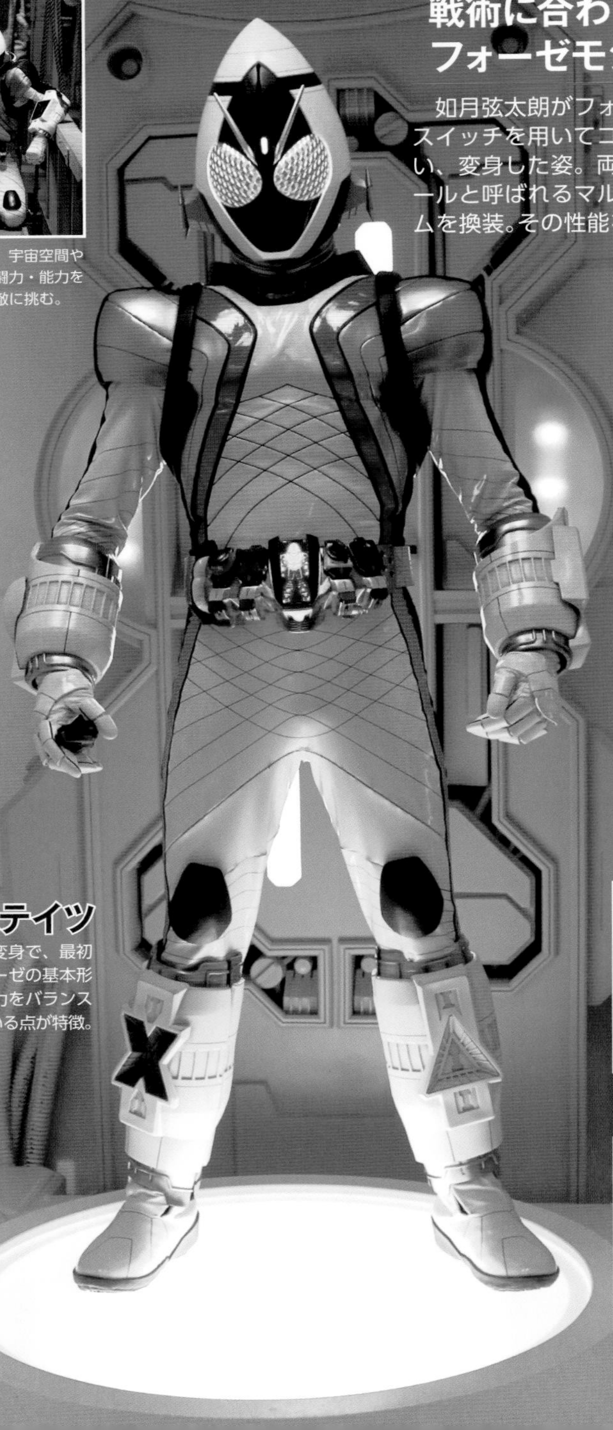

↑素早く跳躍するゾディアーツを捕らえ、地上に引きずりおろして攻撃

↑腕の怪力を活かして敵の体を高持ち上げ、遠方へと投げ飛ばす。

アストロスイッチを通じて得たコズミックエナジーで変身!

ベースステイツ

弦太朗からの変身で、最初に登場するフォーゼの基本形態。戦闘力・能力をバランスよく身に付けている点が特徴。

↑背部のスラストマニューバーから推進を噴射し、空中での体勢を制御して闘う

↑優れた運動能力を発揮し、高所からの下による危険を回避しつつ、敵を倒す。

↑必殺技・ライダー100億ボルトブレイクで敵を撃破していく。

↑ウインチモジュールで敵を捕らえ、ビリーザロッドで攻撃。

↑ゾディアーツが振るう剣の一撃を受け止め、電撃を浴びせる。

エレキステイツ

エレキスイッチの力で、フォーゼがステイツチェンジした電気属性形態。専用武器・ビリーザロッドを駆使し、敵に電気攻撃を放つ。

ファイヤーステイツ

ファイヤースイッチの力でステイツチェンジする、フォーゼの炎属性形態。高熱火炎や消火剤を放射する、ヒーハックガンが専用武器。

↑ヒーハックガン 消火モードで、大火災も一瞬で鎮火させる。

↑強烈なキックで敵を怯ませ、ヒーハックガンで止めを刺す。

↑必殺技・ライダー爆熱シュートで強敵を撃破する。

↑ロケットモジュールの加速力を活かし、敵に打撃技を放つ。

↑両腕のロケットモジュールを同時に打ち込み、敵を倒す。

ロケットステイツ

フォーゼがロケットスイッチ スーパーワンの力でステイツチェンジした形態。両腕に換装したロケットモジュールで空中を高速飛行。

↑電磁エネルギー弾を放つ、ライダー超電磁ボンバーが必殺技。

マグネットステイツ

NとSのマグネットスイッチの力でステイツチェンジした、フォーゼの磁力属性形態。両肩に強力な電磁投射砲を装備している。

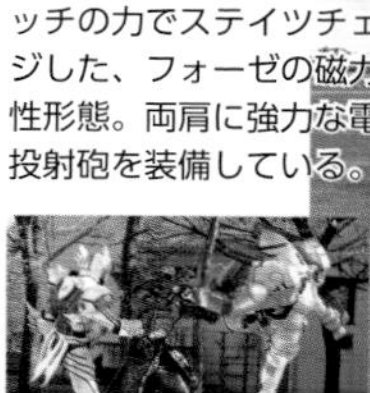

↑電磁エネルギーによってキック力が飛躍的に向上。

↑ダイナミックな空中反転で、ゾディアーツの光弾を素早く躱す。

↑バリズンソードを勢いよく突き出し、敵の頑丈な体をも貫く。

↑ブーストモードからエネルギーを噴射し、空中を高速で飛行。

↑バリアントシリンダーを展開すると、スラッシュモードに変わる。

↑ブーストモードからスラッシュモードに変形する、バリズンソードが専用武器。

↑必殺技は、バリズンソードで放つライダー超銀河フィニッシュ。

コズミックステイツ

コズミックスイッチの力でステイツチェンジした、フォーゼの究極形態。40種のアストロスイッチをすべて発動できるが、弦太朗が友情を疑うと変身が解けてしまうことが弱点。

メテオフュージョンステイツ

フュージョンスイッチの力で、フォーゼコズミックステイツにメテオストームのパワーが融合した形態。あらゆる武器を使いこなす。

↑２体の宇宙鉄人と同時に闘える戦闘力を有している。

メテオなでしこフュージョンステイツ

フォーゼがフュージョン、なでしこ、メテオ、ドリルのアストロスイッチを使ってステイツチェンジした。3大ライダーの力を発揮。

↑両足のホバリングリフターで空中を超高速移動する。

フォーゼモジュール

アストロスイッチを通じて得たコズミックエナジーの汎用的な力を活かし、両腕・両脚に換装するユニット。

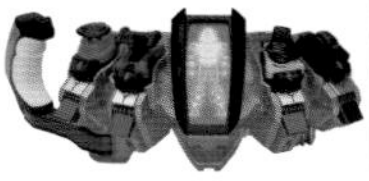

フォーゼドライバー

朔田流星
（出演／吉沢 亮）

弦太朗と対立するも真の友となっていく青年！

↑当初は〝親友を昏睡から解き放つため、アリエス・ゾディアーツに接触〟という真の目的を隠していた。

↑星心大輪拳の使い手であり、格闘技ではかなりの実力を誇っている。

メテオスイッチ

メテオのパワー供給源であると同時に、通信機にもなるアイテム。

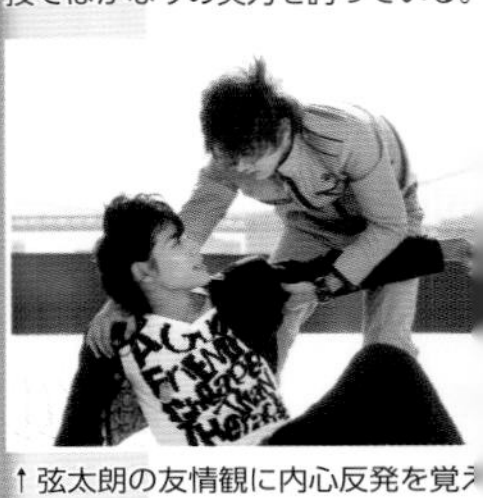
↑弦太朗の友情観に内心反発を覚えつつも、徐々に友情を深めていった

↑転校時は、お人好しで気の弱い青年を演じていた。

↑仮面ライダー部の一員として全力で闘い、仲間からの信頼を勝ち得る

タチバナ
（声の出演／檜山修之）
人工衛星M-BUS（エムバス）にいる人物で、その正体はヴァルゴ・ゾディアーツ。

メテオであることを隠して闘う、特別編入生！

昴星高校から天ノ川学園高校へ転校してきた交換編入生。反ゾディアーツ同盟の一員であるタチバナのサポートによって仮面ライダーメテオに変身し、ゾディアーツの野望に立ち向かっていく。

仮面ライダーメテオ

人工衛星からサポートとバックアップを受け、活躍！

強大な格闘力を発揮し、敵を粉砕！

朔田流星がメテオドライバーとメテオスイッチを用いて変身した姿。人工衛星M-BUS（エムバス）からサポートとバックアップを受けてゾディアーツと対決し、撃破する。

↑シャフトにメテオストームスイッチを装填し、敵に強烈な打撃必殺技を繰り出す。

↑ゾディアーツと激しい空中戦を展開することもあった。

仮面ライダーメテオストーム

メテオストームスイッチを使用し、パワーとスピードが大幅に強化された形態。専用武器・メテオストームシャフトで敵を叩きのめす。

↑流星の格闘技とメテオドライバーのパワー、スピードが高い次元で組み合わさり、極めて強大な戦闘力が発揮される。

↑25m上空へ一気に跳躍し、敵の死角へ入って攻撃する。

↑右腕に装着したメテオギャラクシーで必殺拳撃を放つ。

↑17tの破壊力を秘めたメテオトルネードで敵を粉砕する。

↑リブラ・ゾディアーツの杖の一撃にも怯まず、反撃した。

タイマン張らせてもらうぜ！

友情を守るガチンコ勝負！

↑転校生の弦太朗は、学園の生徒全員と友達になることを目標としていた。

↑フォーゼの力を得た弦太朗は、生徒が変身した強大なゾディアーツと初対決。

↑ヒーハックガンの火炎攻撃で、スコーピオン・ゾディアーツを撤退させた。

↑マシンマッシグラーの空中突進戦法で、ペルセウス・ゾディアーツを弾き飛ばす。

↑強敵からの攻撃に苦戦するフォーゼの前に突如、仮面ライダーメテオが現れる。

↑カメレオン・ゾディアーツのトリッキーな攻撃を巧みに躱し、右脚に換装したチェーンソーモジュールの一撃を繰り出して対抗する。

↑エレキステイツにチェンジ。ビリーザロッドの一撃で強敵を撃破。

↑ウインチとロケットの機能を活かし、敵への攻撃を有利に展開。

↑リブラ・ゾディアーツが変身した幻フォーゼの猛攻撃を受け、パワーが大幅にダウンしたが、なんとか危機を脱することに成功。

↑メテオは凄まじい格闘技を炸裂させ、リブラ・ゾディアーツを圧倒した。

12星座のゾディアーツ幹部である「ホロスコープス」の出現により、フォーゼの闘いはこれまで以上に熾烈を極めていった。

↑メテオこと朔田流星は、昏睡状態の親友を覚醒させるために闘っていた。

↑己の目的を達成するため、メテオはフォーゼたちと対立したが……。

↑闘いのなかで心を通わせたフォーゼとメテオは、力を合わせて敵に挑む。

↑ボードモジュールを駆使した戦法で、ダスタードの集団を蹴散らしていく。

↑素早いムスカ・ゾディアーツをマシンマッシグラーで追い、弾き飛ばした。

↑コズミックステイツにチェンジし、敵めがけて空中突進攻撃を炸裂させる。

力の誘惑から学園の生徒を守る！

歌星賢吾からシステムを託された如月弦太朗は、仮面ライダーフォーゼとなり、協力者である仮面ライダー部の部員と共にゾディアーツから天ノ川学園高校を防衛するのだった。

↑園田ユウキが変身したジェミニ・ゾディアーツに苦戦を強いられる。

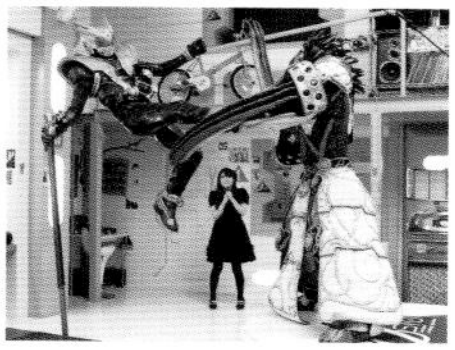

↑仮面ライダー部の部室でもあるラビットハッチに強敵が侵入。

↑マシンマッシグラーとマシンメテオスターの性能を最大限に発揮し、レオ・ゾディアーツが指揮するダスタードの大群と総力戦を展開。

↑理事長が変身した最大の敵・サジタリウス・ノヴァに対し、フォーゼは果敢に立ち向かっていった。

↑闘いを終えた弦太朗は、理事長に対する卒業式を行う。

マシンマッシグラー

宇宙空間でも活動可能なモーターサイクル！

大気圏をも突破！

地上や地球の周回軌道での移動や、ゾディアーツとの戦闘に使用されるフォーゼの専用モーターサイクル。開発コードは「ＯＲＢ‐40Ｆ」だが、弦太朗が「マシンマッシグラー」と命名してしまった。

↑水素燃料エンジンを搭載したエコロジーバイク。地上を時速506.9㎞で走行。

↑ゾディアーツめがけて突進し、前輪で勢いよく弾き飛ばす。また、自動走行用センサーを内蔵している。

↑多勢に襲われた際はマシンマッシグラーで蹴散ら

↑大爆発の高熱火炎を浴びても、車体は損傷しない

可変型パワードワーカー パワーダイザー

ダイザーモード

ビークルモード

タワーモード

キングダイザー

ＪＫ《ジェイク》ダイザー

クイーンダイザー

発射台、探査車両に変形！

建設及び土木作業を目的に製作された可変型パワードワーカーで、開発コードは「PDG‐3000」。人型のダイザーモードから資材運搬のタワーモード、探査用車両のビークルモードに変形。

衛星兵器XVIIから脱出する際、大文字、ＪＫ、風城が操縦した。

機動性に優れる！

メテオの地上移動に用いられる専用モーターサイクルで、開発コードは「MBM3000X」。地上を時速511.7㎞で走行して敵を追跡、攻撃を仕掛ける。

マシンメテオスター

メテオ専用モーターサイクル

↑エネルギー弾の発射が可能。車体を発光させて敵に突進する。

↑２つのソーラーアレイパネルを有し、水素燃料エンジンで走行。

フードロイド

アストロスイッチをセットして起動させる、サポート用ロイド。開発者は歌星賢吾。基本アイディアとデザイン、命名は城島ユウキによる。通常は食品の形態をしており、ロイドモードになると自律的な行動が可能。主に情報収集などで活躍した。

バガミール

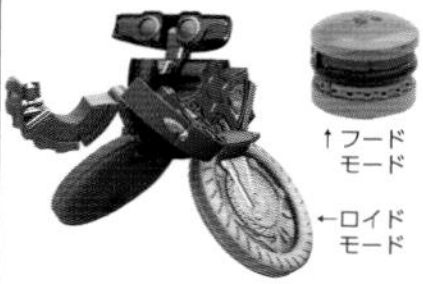

内蔵した高性能カメラスコープを使い、偵察や敵の追跡を行うフードロイド。

ポテチョキン

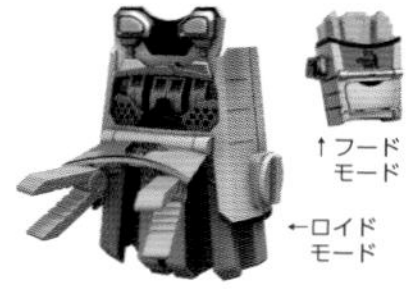

強力パワーアーム、チョッキングピンチで敵の行動を妨害するフードロイド。

ホルワンコフ

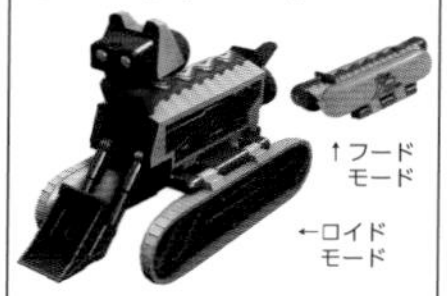

レーザーで岩盤を破壊し、地面を素早く掘り進む機能を有したフードロイド。

フラシェキー

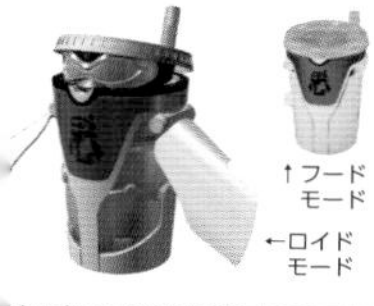

強烈な閃光を発するフラッシュアイルズで、敵を攪乱するフードロイド。

ソフトーニャ

強烈な冷気を発生させ、ファンを高速回転して敵に放射するフードロイド。

ナゲジャロイカ

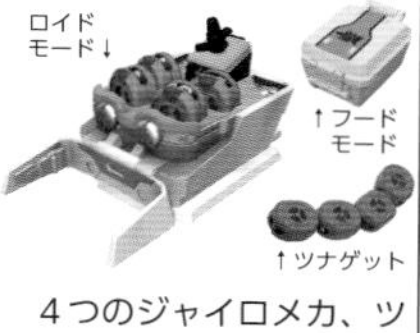

４つのジャイロメカ、ツナゲットを出動させ、敵を尾行するフードロイド。

メガバガミール

ＳＯＬＵである美咲撫子が、バガミールをトレースして製作したフードロイド。

主要登場人物

歌星賢吾（出演／高橋龍輝）

フォーゼシステムの正式な所有者。頭脳明晰だが体が弱い。

城島ユウキ（出演／清水富美加）

弦太朗の幼馴染みの少女。宇宙飛行士になることが目標。

風城美羽（出演／坂田梨香子）

仮面ライダー部の部長となった少女で、愛称は「クイーン」。

大文字 隼（出演／冨森ジャスティン）

パワーダイザーの操縦を担当する青年。愛称は「キング」。

野座間友子（出演／志保）

ゴスロリ風の霊感少女だが、パソコンの知識に長けている。

ＪＫ（ジェイク）（出演／土屋シオン）

学園一の情報通を自認する生徒で、広い人脈を誇っている。

大杉忠太（出演／田中卓志（アンガールズ））

学園の生活指導主任で地学の教師。弦太朗たちに理解を示す。

仮面ライダーなでしこ

金属生命体、SOLU《ソル》がフォーゼをコピー！

フォーゼのパートナーヒロイン！

美咲撫子が変身する少女戦士で、フォーゼに極めて近い戦闘力・能力を身に付けている。加速力と瞬発力を活かし、敵を次次と粉砕する戦法を得意としており、サドンダスと対決した。

美咲撫子（出演／真野恵里菜）

SOLUが少女の姿をトレースし、変身した姿。

↑右腕にロケットモジュールを換装し、空中を高速飛行。

↑格闘戦に優れ、ダスタードなら一撃で倒してしまう。

↑合体技・ダブルライダーロケットパンチを敵に打ち込む。

7人ライダー

超銀河王に捕らえられ、アストロスイッチとオーメダルにされていたが、フォーゼとオーズの活躍で救い出され、怪人軍団と対決。

宇宙鉄人キョーダイン

スカイダイン

スピード戦を得意とする女性タイプ機械生命体！

白山静

スカイダインの変
弦太朗たちを欺いた

スカイジェット

スカイダインが変
形した超高速戦闘機

↑身軽な動きとスピー
を活かした攻撃を展開

優れた機動性を誇る

アリシア連邦のブリ
ンク博士が製作した機
械生命体の妹。コズミ
ックエナジーで稼働。

グランダイン

男性タイプ機械生命体！

冴葉晴海（出演／岡田浩暉）

グランダインの変身。XVⅡの完成を妨害。

グランカー

グランダインが変形したスーパーカー。

←腕のパワーで敵を軽々と持ちあげ、勢いよく遠方へ投げ飛ばしてしまう。

剛力を秘めたパワータイプ！

機械生命体の兄。人間よりも優位に立とうと画策し、スカイダインと力を合わせてフォーゼたちを襲った。

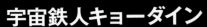

衛星兵器が巨大ロボットへ変形！

衛星兵器XVII
地球の衛星軌道上を浮遊している、強力な衛星兵器。

ブレイン
XVIIの超高性能電子頭脳。人間との会話も可能。

起動メカ ガンベース
XVIIの内部に侵入した者を排除する、起動メカ。

宇宙鉄人の究極兵器！

ブリンク博士が開発・製作した最強の宇宙鉄人で、巨大ロボット戦士。胸部に超重力子砲を装備している。

宇宙鉄人グランダイン、インガ・ブリンクの

キョーダインに対抗！

キョーダインのプロトタイプ。凄まじい怪力と頑丈なボディーを有している。

↑破壊工作員、インガ・ブリンクのボディーガードでもある。

→フォーゼの攻撃にも怯まず、怪力を活かした攻撃で襲い掛かってきた。

→空中高く跳躍し、マシンマッシグラーに乗ったフォーゼを攻撃する。

イナズマン

新人類の少年が変転した、自由の戦士！

風田三郎
（出演／須賀健太）

超能力者集団、怪人同盟を結成した新人類の少年。

サナギマン

風田三郎が超能力を発揮して変転した姿。超怪力と防御力をもつ。

強大な超能力を発揮する！

新人類の少年が変転したサナギマンが、さらなる進化変転を遂げた姿。優れた超能力を発揮し、ヘラクレス・ゾディアーツを下した。

↑強烈なキックを繰り出し、敵の頑強な装甲を破壊。

↑超能力で空中へと飛翔し、敵の弱点に手刀を打ち込む。

↑瞬間移動や念動力、空中浮遊、テレパシーなどの超能力を使う。

ゾディアーツ、怪人

〝スイッチャー〟と呼ばれる人間が、ゾディアーツスイッチの力でコズミックエナジーを身に纏い、変身した姿。スイッチの使用が〝ラストワン〟になると、変身者の肉体から精神が分離して怪人の姿になり、暴れ回る。

レオ・ゾディアーツ

立神吼（出演／横山一敏）

我望光明に心酔している立神が変身した、獅子座の怪人。鋭い爪で敵を倒す。

リブラ・ゾディアーツ

速水公平（出演／天野浩成）

校長の速水が変身した、天秤座の怪人。新たに誕生したゾディアーツを鍛える。

ヴァルゴ・ゾディアーツ

江本州輝（出演／山崎一）

タチバナに扮していた江本が変身した、乙女座の怪人。瞬間移動や飛翔能力をもつ。

オリオン・ゾディアーツ

三浦俊也（出演／水野真典）

巨大な棍棒と大盾を武器にする、オリオン座の怪人で、三浦俊也が変身した。

スコーピオン・ゾディアーツ

園田紗理奈（出演／虎南有香）

スコーピオン・ノヴァ

教師の園田が変身した、蠍座の怪人。ノヴァに変身。

カメレオン・ゾディアーツ

佐久間珠恵（出演／吉川まりあ）

佐久間が変身した、カメレオン座の怪人。皮膚の色素を変化させ、体を透明化。

ユニコーン・ゾディアーツ

新田文博（出演／宇治清高）

頭部分離状態

一角獣座の怪人で、新田が変身。角を剣にして闘う。

ハウンド・ゾディアーツ

佐竹輝彦

佐竹が変身した猟犬座の怪人。全身から爆発力の高い針光線を撃ち出してくる。

アルター・ゾディアーツ

鵜坂律子（出演／梶原ひかり）

祭壇座の怪人で、鵜坂が変身。念動力を使って炎を操り、火災を発生させる。

ピクシス・ゾディアーツ

牧瀬弘樹（出演／篠原孝文）

牧瀬が変身した羅針盤座の怪人。ダウジングホーンで、物体の方向を曲げる。

超銀河王

レム・カンナギ（出演／益岡徹）

財団Xのカンナギがギンガオードライバーを使い、変身。絶対的な進化を画策。

サドンダス

カタル

カタルが変身した進化生命体ミュータミットとなった姿。翼を巨大化し空中を移動

ユニコーン・ゾディアーツ

ソラリス（出演／人見早苗）

財団Xのソラリスが変身した姿。頭部を剣・モナークに変化させ、戦闘力を強化。

ゾディアーツ集団

ユニコーン・ゾディアーツと共に出現した怪人集団。フォーゼと対決。

ダミーのドーパント、グリード

カンナギが自身の超科学力で生み出した、過去怪人のダミー集団。

ヤミー

財団Xのメンバーの欲望から誕生した怪人たち。W《ダブル》と戦闘を展開し

ダスタード

ホロスコープスが自身の体を削って誕生させた、戦闘員集団。

マスカレイド・ドーパント

マスカレイドメモリの力で、財団Xのメンバーが変身した姿。

幻フォーゼ

リブラ・ゾディアーツが変化した、幻のフォーゼ。戦闘力が高い。

ペルセウス・ゾディアーツ

元山惣帥（出演／秋元龍太朗）

暴走態

元山が変身した、ペルセウス座の怪人。頭部を変形。

カニスミノル・ゾディアーツ

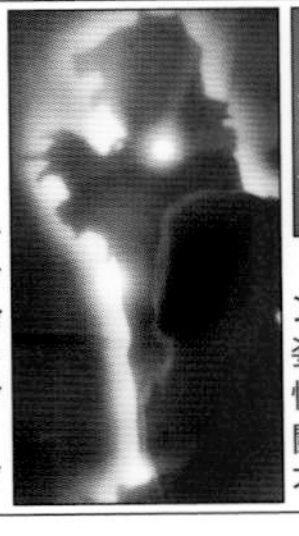

園田紗理奈

スコーピオンの進化前の姿。子犬座の怪人だが、闘力・能力不明である。

リンクス・ゾディアーツ

野々村公夫（出演／山崎将平）

野々村が変身した、山猫座の怪人。素早い身のこなしで敵を襲い、鋭い爪で攻撃。

ドラゴン・ゾディアーツ

野本仁（出演／安藤龍）

フォーゼ抹殺の使命を与えられた竜座の怪人で、野本が変身。鉄球を連続発射。

ペガサス・ゾディアーツ

鬼島夏児（出演／タモト清嵐）

落語研究会の鬼島が変身した、ペガサス座の怪人。強烈なキックを繰り出す。

キャンサー・ゾディアーツ

鬼島夏児（出演／タモト清嵐）

キャンサー・ノヴァ

ペガサスが進化を遂げ、ホロスコープスとなった姿。

キグナス・ゾディアーツ

江口規夫（出演／永嶋柊吾）

正義のヒーローに憧れる江口が変身した、白鳥座の怪人。羽根手裏剣を投げる。

コーマ・ゾディアーツ

徳田弥生（出演／鈴木かすみ）

コーマの分身ゾディアーツ

新聞部の徳田が変身した、髪の毛座の怪人。分身を作る。

ムスカ・ゾディアーツ

フェーズ1

フェーズ2

フェーズ3

草尾ハル（出演／荒木次元）

新入生の草尾が変身した、蠅座の怪人。フェーズ1から2、3に進化変身する。

アリエス・ゾディアーツ

山田竜守（出演／川原一馬）

アリエス・ノヴァ

昴星高校へ転校した山田が変身する、牡羊座の怪人。

ビッグマシン

スーパークライス要塞

ギガントホース

スーパークライス要塞とギガントホースが変形・合体した超巨大ロボ。

カプリコーン・ゾディアーツ

五藤東次郎（出演／川村亮介）

転校生の五藤が変身した、山羊座の怪人。エレキギター型武器から衝撃音波を発射。

アクエリアス・ゾディアーツ

エリーヌ須田（出演／滝沢カレン）

アメリカからの転校生、須田が変身した、水瓶座の怪人。鞭の攻撃が得意。

タウラス・ゾディアーツ

杉浦雄大（出演／絲木建太）

生徒会副会長の杉浦が変身した、牡牛座の怪人。人間の魂を抜き取って操る。

サジタリウス・ゾディアーツ

サジタリウス・ノヴァ

我望光明（出演／鶴見辰吾）

学園の理事長、我望が変身した、射手座の怪人。ノヴァにも進化変身して闘う。

ジェミニ・ゾディアーツ

闇ユウキ（出演／清水富美加）

闇ユウキが変身した、双子座の怪人。爆発力をもったノヴァを生み出して攻撃してくる。

ジェミニ・ノヴァ

ホロスコープスの12使徒

人間の変身ではなく、インガがホロスコープススイッチで出現させた。

ピスケス・ゾディアーツ

黒木蘭（出演／ほのかりん）

1年生の黒木が変身した、魚座の怪人。水中を泳ぐかのような動きで攻撃を躱す。

レオ・ダスタード

レオ・ゾディアーツが出現させた怪人。連携奇襲攻撃で敵を襲う。

ヘラクレス・ゾディアーツ

番場影人（出演／遠山俊也）

国際犯罪組織の番場が変身した、ヘラクレス座の怪人。巨大な棍棒で攻撃する。

約束する！　俺がお前の最後の希望だ!!

制作スタッフ
原作／石ノ森章太郎　スーパーバイザー／小野寺 章（石森プロ）　プロデュース／佐々木 基・本井健吾（テレビ朝日）・宇都宮孝明（東映）　プロデュース補／菅野あゆみ（テレビ朝日）・石川 啓・高橋勇樹（東映）　脚本／きだつよし・香村純子・石橋大助・會川 昇　監督／中澤祥次郎・諸田 敏・舞原賢三・田﨑竜太・石田秀範・柴﨑貴行　特撮監督／佛田 洋（特撮研究所）　アクション監督／石垣博文・宮崎 剛（ジャパンアクションエンタープライズ）　音楽／中川幸太郎　撮影／松村文雄・倉田幸治・小林元・いのくままさお・菊池 亘・植竹篤史　照明／斗沢 秀・西田文彦・佐々木康雄　録音／村上洋祐　視覚効果／日本映像クリエイティブ　美術／大嶋修一　装飾・小道具／東京美工　装置／紀和美建　メイク／サンメイク　衣裳／東京衣裳　助監督／山口恭平・上堀内佳寿也・澤口 豊ほか　編集／長田直樹　MA／曽我薫　選曲／金成謙二　音響効果／大野義彦　キャラクターデザイン／田嶋秀樹・PLEX　クリーチャーデザイン／丸山浩　造型／ブレンドマスター　絵コンテ／なかの★陽　特撮コーディネーター／中根伸治　特撮スーパーバイザー／足立 亨　ラインプロデューサー／富田幸弘　制作／テレビ朝日・東映・ADK

仮面ライダーウィザード
KAMEN RIDER WIZARD

2012年（平成24年）9月2日～2013年（平成25年）9月29日放映

操真晴人

（出演／白石隼也）

日蝕の日にサバトに遭遇し、魔法使いとなる運命を受け入れた青年！

ウィザードリング　不思議な魔力を秘めた魔宝石を面影堂の店主・輪島が加工し、完成させた指輪。

↑ウィザーソードガン ガンモードを駆使し、悪の魔物を粉砕していく。

↑白い魔法使いから謎の少女・コヨミの命を託され、全力で守り抜く。

↑高い身体能力を有し、変身前でも強烈なキックでファントムに対抗。

↑一定期間内に晴人が魔力を与えないと、コヨミの命は尽きてしまう。

↑いかなる苦難に苛まれても希望を捨てない。勇猛果敢な青年である。

↑ど～なつ屋「はんぐり～」のプレーンシュガードーナツが好物。

↑プロのサッカー選手を目指していたが、チームメイトに怪我を負わせてしまい、チームを脱退した。

さあ、ショータイムだ！

日蝕の日に行われたファントムを生み出す儀式・サバト（魔宴）に遭遇しながらも、体内に存在するウィザードラゴンを強い精神力で抑え込み、奇跡的に生き残った青年。自分と同じ悲劇から人間を救うために指輪の魔法使いとして立ち上がった。

仮面ライダーウィザード

ウィザードリングでパワーを発動する、指輪の魔法使い！

↑魔法陣から右脚に火の魔力を注入し、ファントムに空中キックを放つ。

↑攻撃により、ウィザーソードガンのソードとガンのモードをチェンジ。

↑足のパワーを最大限に活かし、ゴールに必殺シュートを決めた。

↑身体能力や魔力のバランスに優れた、オールマイティな形態。高い走力と跳躍力、優れた格闘技を繰り出す。

フレイムスタイル

フレイムウィザードリングを用いて変身するウィザードの基本スタイルで、火に関わる魔力と呪文が全身に漲った、火の魔法使い。

↑エキサイトウィザードリングを使うと、自身の肉体が強化され、凄まじい怪力が発揮できる。

4種のエレメントを秘めた魔法を駆使！

操真晴人が、白い魔法使いから託されたウィザードライバーとウィザードリングを用いて変身する「指輪の魔法使い」。ファントムによって絶望の淵に追い詰められたゲートと呼ばれる人間を励まし、命を懸けて闘い続ける。

↑両脚でファントムの腕を締め上げる、プロレス的な攻撃も行う。

↑ソードモードを素早く振り、ファントムの頑丈な装甲を斬り裂く。

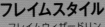

怪力を駆使した戦法も得意。
を担ぎ上げ、高く投げ飛ばす。

ウォーター スタイル

水や水分を自由自在にコ
トロールする力を身につ
た、水の魔法使い。他の
タイルよりも魔力に優れ、
の液状化も可能である。

ハリケーンスタイル

風と大気を自在に操る力を発揮する、風の魔法使い。スピード、跳躍力、瞬発力が特に優れており、高速戦法や空中戦で敵に立ち向かい、素早く粉砕してしまう。

↑ソードモードから強風を発生させ、その勢いで敵を斬る。

↑高く跳躍し、ガンモードで敵の弱点を正確に撃ち抜く。

↑つむじ風に乗って空中を自由自在に移動し、敵を追跡。

↑体を高速回転させて地中を掘り進み、敵を追いつめた。

↑腕の怪力でファントムを押さえ、動きを完全に封じる。

→素早い側転の後で敵にキックを決める、トリッキーな戦法も得意。

ランドスタイル

土や岩、大地のパワーを自在に操る、土の魔法使い。全身に剛力を秘めた形態で、敵を捻じ伏せるストロング戦法を発揮。

フレイムドラゴン

フレイムドラゴンウィザードリングによって変身した火の竜の魔法使い。凄まじい火の魔力を発揮できる。

↑強烈なキックで、重量級のファントムも弾き飛ばす。

↑2本のソードモードを実体化させ、敵を強襲した。

→胸部に実体化させた竜の頭部から高熱火炎を放射。

ウォータードラゴン

ウォータードラゴンウィザードリングの力で変身した水の竜の魔法使い。水の魔法や格闘技が強化された。

↑ソードモードで敵の槍の一撃を受け止め、弾き返す。

↑敵の背後に回り込み、ソードモードで体を切断する。

↑腰の部分に具現化した尻尾の一撃で敵を薙ぎ払う。

ハリケーンドラゴン

ハリケーンドラゴンウィザードリングの力で変身した風の竜の魔法使い。強烈な雷撃や竜巻を発生させる。

↑ソードモードから強烈な風の刃を放ち、敵を斬る。

↑敵めがけて空中突進し、ソードモードで体を貫く。

↑背部に具現化した翼で、優れた空中機動力を発揮。

ランドドラゴン

ランドドラゴンウィザードリングで変身した土の竜の魔法使い。土と大地の魔法や全身の力が強化された。

←敵の槍を押さえて動きを封じ、腹部にエルボーを放つ。

↑重力を自在に操り、敵に重いキックを炸裂させる。

↑両腕部に具現化した鋭い爪で頑強な物体も引き裂く。

スペシャルラッシュ

美少女仮面ポワトリンが魔法で生み出したスペシャルラッシュウィザードリングで変身。ウィザードラゴンがもつ力を一挙に解放し、強敵をも即座に粉砕。

オールドラゴン

ドラゴタイマーでウィザードラゴンの力を限界まで引き出し、ウォーターの水、ハリケーンの風、ランドの土の魔力をフレイムドラゴンに融合させた姿。

ドラゴンフォーメーション

ウィザードラゴンと４つのドラゴンの指輪、晴人の魔力を同調させ、同じ意識をもった分身体を実体化した。

インフィニティードラゴン

フィニッシュストライクウィザードリングの力で、インフィニティースタイルにウィザードラゴンの力が宿った形態。

インフィニティーゴールドドラゴン

インフィニティードラゴンが更に強化された形態。全身が黄金に輝き、胸部にドラゴスカルが具現化しており、超戦闘力を発揮して敵を撃滅する。

インフィニティースタイル

晴人が自身の涙から生み出したインフィニティーウィザードリングの力で変身した、超強力なスタイル。

↑敵めがけてアックスカリバー アックスモードを勢いよく振り下ろし、頑丈な体をも切断。

↑ベルトのハンドオーサーをハイタッチして時間を加速させ、高速で敵を斬る。

↑全身にアダマントストーン製の強固な鎧を纏っており、空中キックもかなり強力。

↑敵対することになった白い魔法使いと、凄まじいまでの闘いを展開した。

仁藤攻介
（出演／永瀬匡）

過酷な運命をポジティブに受け入れる好漢！

ウィザードリング

古代の遺跡からビーストドライバーと共に発掘された指輪。

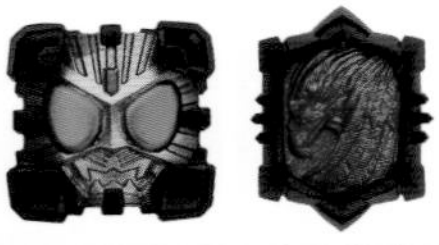

↑野獣のような身体能力を誇り変身前でもファントムに飛び掛かって攻撃を仕掛けていく。

↑常に空腹状態であり、どんな食べ物にもマヨネーズをかける、極度の「マヨラー」だった。

↑「はんぐり〜」のドーナツにも目がなく、人の物でも奪って食べる。

↑遺跡でビーストドライバーを発見し、ビーストキマイラと一体化した。

↑強烈なハイキックをファントムの頭部に命中させ、闘いを有利に運ぶ。

↑普段は、公園や寺の境内などに許可なくテントを張って自炊生活をしていた。

皆まで言うな！

ファントムのビーストキマイラと〝魔力を与え続ける〞という契約を交わした青年。過酷な運命を背負っているが本人はポジティブで、未知の敵との闘いにある種の興奮を覚えている。

仮面ライダービースト

超魔法の代償を背負う、古の魔法使い!

→ファントムを倒し、ビーストキマイラに魔力を与えないと、逆に自身が食い殺されてしまうらしい。

→オフロードのマウンテンバイクを駆使した戦闘を、得意としている。

ファルコマント

右肩にファルコンの力を備えた形態。空中を高速で飛び、強風を起こす。

バッファマント

右肩にバッファローの力を備えた形態。超怪力を活かした突進を行う。

ドルフィマント

右肩にドルフィンの力を備えた形態。毒素を浄化する治癒魔法を駆使。

カメレオマント

右肩にカメレオンの力を備えた形態。保護色で周囲の景色と同化できる。

倒したファントムの魔力を喰う!

仁藤攻介が、遺跡で発見したビーストドライバーとビーストウィザードリングで変身する古の魔法使い。ビーストキマイラの力を借りて超魔法を発動。

↑必殺キックのストライクビーストも破壊力が強化された。

↑専用武器・ダイスサーベルとミラージュマグナムで撃破。

仮面ライダービーストハイパー

ハイパーウィザードリングの力で、ビーストキマイラの力をさらに解放し、より強力な魔法使いに強化変身した姿。

マシンウィンガー

魔法陣から取り出す、専用マシン！

動力部や装甲を強化！

ウィザードが搭乗する専用オフロードバイク。ファントムとの戦闘を想定して動力部や重要な部位の装甲を強化し、更にエンジン出力を上げるなど随所にチューンナップが施されている。

↑車体を覆うシールドコアは魔宝石の一種で、火炎の熱にも耐える。

↑転覆した自動車さえも楽々と飛び越え、敵を追跡していく。

←攻撃による爆発をすり抜け、ファントムとマシン戦を繰り広げる。

↑走行中のマシンウィンガーの車上で空中回転し、敵の攻撃を躱す。

ゥィザードラゴン

晴人の体に封印され
いるドラゴンの姿を
こファントムで、ゲ
トがもつ魔力の塊。

ウィンガーウィザードラゴン

アンダーワールドに存在するウィザードラゴンがマシンウィンガーと融合し、強化された姿。ウィザードによる完全コントロールが可能。

トライクフェーズ

アンダーワールドで、ウィ
ガーウィザードラゴンがキ
パーツに変形した状態。

ビーストキマイラ

ビーストドライバーに封印されているファントム。ライオン、ファルコン、バッファロー、イルカ、カメレオンなど複数の動物が入り交じった姿をしていた。

ウィンガーウィザードラゴンとビーストキマイラがストライクフェーズに変形した状態。

プラモンスター

指輪に秘められた魔力を解放するこ
で誕生する、魔法使いたちの使い魔。
法陣モードからプラモンスターモー
に変形して活動を開始する。

レッドガルーダ

空中を自在に飛び回り、偵察や探
を行う。他のプラモンスターを抱
て高速飛行することも可能。

ホワイトガルーダ

レッドガルー
と同じ形状を
た、白い魔法
いの使い魔。
宝石を運ぶ。

ブルーユニコーン

脚力を活かし、偵察や追跡を行う。頭部の角で地中を掘り進む。

グリーングリフォン

強靭な四肢と翼をもつ、機動力に優れた使い魔。仁藤が使用。

イエロークラーケン

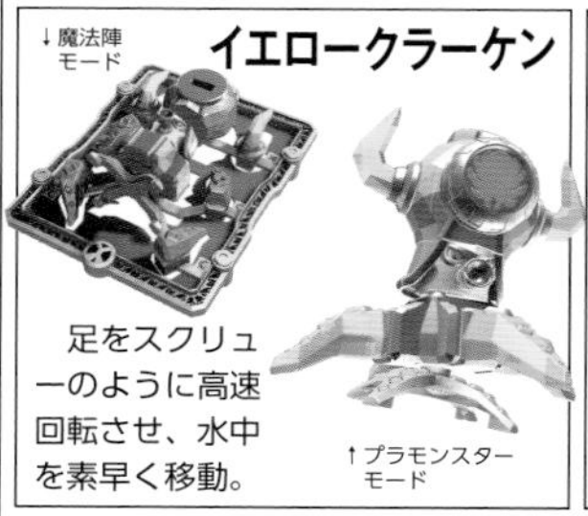

足をスクリューのように高速回転させ、水中を素早く移動。

バイオレットゴーレム

怪力の持ち主ではあるが、引っ込み思案な使い魔で、物作りが得意。

ブラックケルベロス

白い魔法使いの使い魔。小さいながら優れた戦闘性能と走力を有する。

プラモンスターのパーツを合体させ、戦闘力を向上させることも可能。

主要登場人物

コヨミ（笛木 暦）（出演／奥仲麻琴）

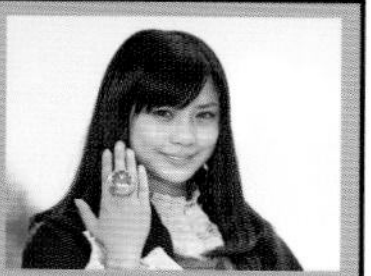

笛木がサバトで生み出した娘・暦の体に別の人格を宿した存在。

大門凛子（出演／高山侑子）

警視庁・鳥井坂署の若手女性刑事。晴人の協力者として活動。

奈良瞬平（出演／戸塚純貴）

幼い頃に読んだ絵本の影響で、魔法使いになりたいと願う青年。

輪島 繁（出演／小倉久寛）

優れた宝石職人。笛木から渡された魔宝石を指輪にしていた。

店長、店員（左）（出演／KABA.ちゃん）（出演／田谷野 亮）

晴人たちが通うど〜なつ屋「はんぐり〜」の経営者と従業員。

鳥井坂署 署長（出演／小宮孝泰）

鳥井坂署の署長で凛子の上司。短気で怒鳴ってばかりいる。

木崎政範（出演／川野直輝）

国家安全局ゼロ課の刑事で、階級は警視。晴人たちの理解者。

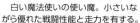

魔法と魔法が激突！ ファントムからゲートを守り抜く

人間vs.魔物、果てしなき攻防！

指輪の魔法使い・操真晴人は、ゲートと呼ばれる人間が絶望することで生み出される魔物・ファントムと壮絶なる戦闘を繰り広げていった。

↑強力な魔物から救おうとした仁藤攻介は、古の魔法使い・ビーストだった。

↑敵の攻撃で危機に陥った晴人は、白い魔法使いから新たな力を与えられる。

↑半年前のサバトに遭遇し、生き残った晴人は、白い魔法使いからコヨミを託される。

↑ミノタウロスの出現で本格的な活動を開始した晴人は、ウィザードの戦闘力を発揮。

↑ヘルハウンドが運転するブラックドッグと激しいデッドヒートを展開していく。

↑自らのアンダーワールドに潜むドラゴンの魔力を解放し、フレイムドラゴンに進化。

↑ドラゴタイマーの力でフレイム、ウォーター、ハリケーン、ランドの4体に分身。強敵のベルゼバブを撃破した。

←考古学者が発
た指輪の力でビー
トも強化変身。し
ストハイパーとな

宿敵ともいえるファントム、メデューサと激突。一進一退の激しい攻防が続いたが、決着がつかないまま、闘いは終わった。

↑人類の敵であった白い魔法使いにビーストが挑むも、歯が立たずに敗れる。

↑仁藤の奇策によって白い魔法使いのサバトは阻止されたが、危機は続く。

↑コヨミの命か？　人類の未来か？ ウィザードは苦悩しながら敵と闘う。

↑体内にある賢者の石を奪われ、コヨミは晴人の眼前で消滅してしまう。

↑ウィザードは、賢者の石で進化したグレムリンと壮絶なる戦闘を開始。

↑腹部に一撃を見舞い、賢者の石を取り戻してグレムリンに止めを刺す。

↑レギオンの攻撃で晴人が魔力を失い、コヨミの命が危機に……。

↑トリッキーな動きで、バハムートにキックを決めるウィザード。

↑自身の涙から生まれた指輪で、インフィニティースタイルに変身。

↑稲森真由が変身した仮面ライダーメイジと共闘し、強敵を攻撃。

↑空中から襲い来るラームに、ビーストが跳躍力を活かして挑む。

↑ゲートの少年を守るため、晴人と仁藤は敵陣へと突入した。

仮面ライダーメイジ（稲森真由）

女子高生が変身！

姉の復讐を誓う！

稲森真由が白い魔法使いから与えられたベルトとリングで変身。メデューサを倒すために戦士となった。

↑テレポートグラビティなどの超魔法を発揮して闘う。

稲森真由（出演／中山絵梨奈）

双子の姉をメデューサのゲートにされた女子高生。

仮面ライダーメイジ（飯島 譲）

中学生が変身！

正義のために活躍！

飯島 譲が変身した姿。白い魔法使いに精神を操られたが、自己意思を取り戻し、人類のために闘う。

↑白い魔法使いにコントロールされ、ビーストを襲った。

飯島 譲（出演／相馬眞太）

仁藤を兄のように慕う中学生。強い魔力を有する。

仮面ライダーメイジ（山本昌宏）

最後のゲートが変身！

高い戦闘力を誇る！

山本昌宏が変身した姿。白い魔法使いに操られ、ウィザードを襲うが、精神支配から解放される。

↑強靭な肉体と怪力を発揮し、魔物を叩きのめす。

山本昌宏（出演／川口真五）

最後のゲートとしてメデューサに狙われた男性。

白い魔法使い（仮面ライダーワイズマン）

魔法使いとファントムを操る者！

ワイズマンの復活が目的！

笛木 奏が変身した姿。ウィザードたち魔法使いとファントムの双方を操り、目的のために闘わせた。

ワイズマン

笛木が変身していた、ファントムの支配者。

笛木 奏（出演／池田成志）

命を落とした娘・暦を復活させようと暗躍。

↑インフィニティースタイルと同等の力を発揮。

美少女仮面ポワトリン

自身のアンダーワールドを守る！

多くの魔法を発動！

上村 優がポワトリンペンダントで変身した仮面ヒロイン。変身魔法や空中移動能力を使う。

上村 優（出演／入来茉里）

自身のアンダーワールド・ご町内の平和を守る少女。

店長（出演／KABA.ちゃん）

精神を支配され自身が上村 優だと信じ込んでいた。

14大仮面ライダー

アマダムが支配する魔宝石の世界に登場。

8大仮面ライダー

優のご町内で、アクマイザーと対決した。

仮面ライダー×スーパー戦隊×宇宙刑

仮面ライダーとスーパー戦隊の混成チーム

アクマイザー

地の底からきた悪魔!

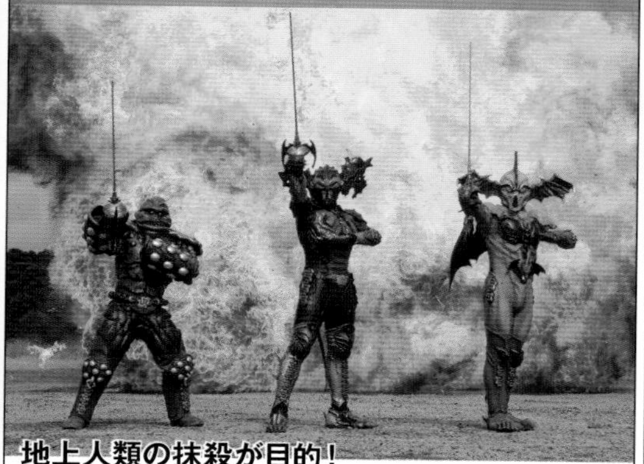

地上人類の抹殺が目的!

人間たちから「悪魔」と呼ばれ、数千年前に地の底へ追いやられた一族の末裔。地上世界と人類を滅ぼそうとした。

ザタン

(声の出演/デーモン閣下)

アクマイザーを指揮する。残忍な悪魔戦士。

イール

(声の出演/関 智一)

頭脳派。素早い攻撃と空中移動能力で闘う。

ガーラ

(声の出演/三ツ矢雄二)

全身が頑強な筋肉で覆われ、超怪力を発揮。

装甲車

アクマイザーが搭乗する、地上攻撃用車両。

ザイダベック

魔力で装甲車が変形した、巨大飛行要塞。

ガーラッチョ

ガーラが魔力によって変身した巨大怪鳥。

宇宙刑事

銀河連邦警察から派遣された捜査官!

十文字 撃

(出演/石垣佑磨)

銀河連邦警察から派遣された、地球担当捜査官。

超次元高速機ドルギラン

円盤と電子星獣ドルに分離する宇宙船。

宇宙刑事ギャバン typeG

十文字 撃がコンバットスーツを蒸着した姿。レーザーブレードで敵を撃破する。

宇宙刑事シャリバン

日向 快が赤いコンバットスーツを赤射した。

日向 快

(出演/三浦 力)

撃にかわって地球担当捜査官になる。

宇宙刑事シャイダー

青いコンバットスーツを焼結する宇宙刑事。ギャバン、シャリバンと共に悪と対決した。

仮面ライダーメイジ

魔法の国の兵士!

(近衛隊長)

近衛隊長

(出演/載寧龍二)

魔法の国の秩序を乱す者を攻撃する。

近衛隊長が変身する戦士で、赤いマントが特徴。左腕のスクラッチネイルで敵を引き裂く。

(近衛兵)

ライドスクレイパー

空中飛行能力を秘めた魔法の箒で、槍としても使用。

近衛隊の一般兵士が変身する戦士でマントが黄色。集団戦闘が得意。

仮面ライダーソーサラー

金色の魔法使い!

魔法の国を滅ぼす!

オーマ大臣が変身した戦士。金色の魔法使いとも呼ばれる。

オーマ大臣

(出演/陣内孝則)

魔法の国を治めるマヤ大王の側近。

ドレイク

オーマ大臣の正体で、ファントムらしい。

白い魔法使い(コヨミ)(仮面ライダーウィズマン)

ファントムに操られる!

街の破壊を実行!

コヨミが変身した戦士。オーガの部下となり、魔法で街を破壊しようとしたが消滅する。

コヨミ

(出演/奥仲麻琴)

魔力でホープウィザードリングから復活した姿。

ファントム、怪人

魔力が擬似生命化した存在。ゲートのアンダーワールドに出現し、その者が絶望すると、自身を生み出したゲートを消滅させて現実世界に現れる。ワイズマンの指令を受け、同族を増やすために人間社会で暗躍していた。

メデューサ

ミサ（出演／中山絵梨奈）

ファントムの幹部。頭部の蛇を伸ばして敵を捕らえ、魔力を吸収。

フェニックス

ユウゴ（出演／篤海）

ファントムの幹部。敵に倒されても短時間で蘇る、不死身の魔物。

グレムリン

ソラ（出演／前山剛久）

ファントムの幹部。専用剣・ラプチャーを振り回し、敵を斬り裂く。

グレムリン（進化態）

賢者の石でグレムリンが進化変身。ハーメルケインという武器で攻撃する。

グール

魔石から生み出された下級兵士。ファントムの命令を忠実に実行する。

ミノタウロス

網野（出演／RIKIYA）

頭部に2本の巨大な角を備えた魔物。猛牛を思わせる怪力を発揮。

ジャバウォック

凜子のアンダーワールドに出現した巨大な魔物。火炎を放射。

ヘルハウンド

田島一夫

口から高熱火炎を放射し、敵を焼き尽くす。ブラックドッグを乗りこなす

サイクロプス

瞬平のアンダーワールドに出現した魔物。金棒のカラミティが武器。

ケットシー

外国人の男（出演／ベルナール・アッカ）

全身に生えた鋭い爪と、両腕を変形させた剣で敵の体を切断する。

ノーム

ソムリエの男（出演／かなやす慶行）

全身をドリルのように高速回転させて地中を移動し、人間を襲う。

ガーゴイル

作業員

全身を石
して攻撃を
き返すと同
に、敵の体
押し潰す。

ヨルムンガルド

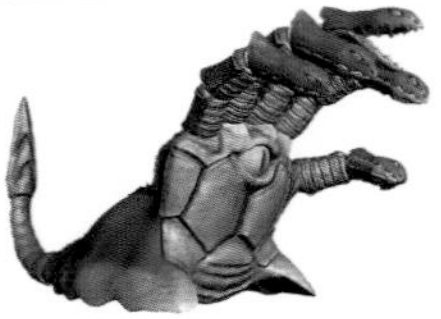

5つの頭をもつ、巨大な蛇の姿をした魔物。中央の目から光弾を放つ。

ヴァルキリー

桐谷克弥（出演／杉林功）

鋭い槍で敵を串刺しにする。また、背中の翼で空中を自在に飛行。

強力怪人軍団

アクマイザーが製作した無限モンスタープラントの力で復活した怪人。

リザードマン

石井悟史

頑強な体
鋭い剣・ス
イルソード
速射できる
の毛が戦力

ヘカトンケイル

6本の腕にもつ剣や槍を自由自在に振り回し、頑強な物体をも切断してしまう巨大な魔物。

マンティコア

占い師（出演／赤星昇一郎）

尻尾から発射する猛毒を秘めた針と、サーベルで敵の命を奪う。

ヒドラ

ダイバー（出演／中川素州）

無数に生えた触手で水中を自在に泳ぎ、陸上の敵を襲って命を奪う。

バンダースナッチ

多くの個体が連結・分離を
ながら鋭い爪で敵を襲撃する

ベルゼバブ

指揮者（出演／IZAM）

強大な魔力で空間を操作して敵の攻撃を逸らし、針状光弾を発射。

ワータイガー

井川（出演／虎島キンゴロウ）

凄まじいスピードとパワーをもち、強烈なキックやパンチを放つ。

スプリガン

警備員（出演／こっとん健児）

鋭い剣と盾で敵を追い詰め、両肩から放つ魔力弾で止めを刺す。

レギオン

内藤

見境なく
間を襲うた
結界に封印
れていた凶
な魔物。

ボギー

6体に分離し、ゲートに取り憑いて自在に操る。専用の槍が武器。

スペースショッカー

秘密結社ショッカーが宇宙犯罪組織マドーの力で復活。宇宙の支配を企む。

スペースイカデビル

スペースショッカーの大幹部。三角形の魔法陣を操り、空間を瞬間移動する。長い触手が戦力。

スペース蜘蛛男

ショッカー怪人の蜘蛛男が強化改造された姿。口から吐き出す糸で敵を捕らえ、鋭い爪で攻撃。

さそり男

スペースショッカーの怪人。左腕の電磁バサミで敵の首を挟み、怪力で切断してしまう。

サボテグロン

爆弾を使用する、爆破のプロフェッショナル。全身に生えた棘を敵に突き刺す。

ギリザメス

水中戦闘が得意な怪人。キック殺しという強烈な必殺技で敵を苦戦させる。頭部の鋸が武器。

軍師レイダー

死霊界からきた怪人でマドーの最高指揮官。

スペースレイダー

地球が幻夢界こ包まれた影響で、軍師レイダーが変身した姿。大鎌を振り、敵の体を斬り裂く。

魔王サイコ

幻夢城

サイコロジ

幻夢界に浮かぶ巨大な幻夢城が変形した、マドーの首領。

アルゴス

肉体から分離した目で敵を襲い、強力な破壊光線で止めを刺す。

ラーム

空を飛行し、杖で敵を攻撃。また、発火能力で火災を発生させる。

バハムート

優れた運動神経を有し、両腕・両足の角から真空の刃を撃ち出す。

シルフィ

風を自在に操って空中を移動する。空気の刃を飛ばして敵を切断。

スフィンクス

口から高熱火炎を放射して物体を焼き尽くし、杖で敵を粉砕する。

ギガンテス

空中を飛びながら手の間に張った鎖で敵を捕らえ、拳の一撃で粉砕。

セイレーン

美しい声で魅了した人間を操る。また、魔力を帯びた衝撃波を放つ。

ケプリ

晴人たちが引き込まれた魔法の国に出現した魔物。超怪力で敵をねじ伏せる。

ウロボロス

魔法の国に住む少年のアンダーワールドに出現した魔物。爪で攻撃。

アラクネ

地面と同化する能力をもち、身動きも素早い。巨大な斧と鋭い爪で敵の体を斬り裂いてしまう。

アマダム

魔宝石の世界支配する怪人、ここに封印れていた魔法い。歴代ライーの力を狙う。

アマダム怪人態

アマダムが怪人に変身した姿。両手から衝撃波と光弾を発射し、すべての物体を破壊してしまう。

人造ファントム

ワイズマンとなった物理学者が、科学と魔法学を融合して生み出した。

オーガ

強烈な怪力と高速移動能力で敵に襲い掛かり、大剣で体を斬る。

ライダー戦国時代 勝ち残るのは？

制作スタッフ

原作／石ノ森章太郎　スーパーバイザー／小野寺 章（石森プロ）　プロデュース／佐々木 基（テレビ朝日）・武部直美・望月 卓（東映）　プロデュース補／菅野あゆみ（テレビ朝日）・望月 卓・井元隆佑（東映）　脚本／虚淵 玄・七篠トリコ・砂阿久雁（ニトロプラス）・毛利亘宏・鋼屋ジン・海法紀光（ニトロプラス）　監督／田﨑竜太・柴﨑貴行・諸田 敏・中澤祥次郎・石田秀範・金田 治（ジャパンアクションエンタープライズ）・山口恭平　特撮監督／佛田 洋（特撮研究所）　アクション監督／石垣広文・竹田道弘（ジャパンアクションエンタープライズ）　音楽／山下康介　撮影／村松文雄・倉田幸治・植竹篤史・小林 元・いのくままさお　照明／斗沢 秀・佐々木康雄・水本富男・西田文彦　録音／村上洋祐　視覚効果／日本映像クリエイティブ・マリンポスト・林デジタル工務店　美術／大嶋修一　装飾・小道具／東京美工　装置／紀和美建　メイク／サンメイク　衣裳／東京衣裳　助監督／山口恭平・杉原輝昭・塩川純平・上堀内佳寿也・葉山康一郎・越 知靖ほか　編集／佐藤 連　MA／曽我 薫　選曲／金成謙二　音響効果／大野義彦　キャラクターデザイン／田嶋秀樹・ＰＬＥＸ　クリーチャーデザイン／篠原 保・Niθ・山田章博・中央東口　造型／ブレンドマスター　特撮コーディネーター／中根伸治　特撮スーパーバイザー／足立 亨　ラインプロデューサー／富田幸弘・下前明弘　制作／テレビ朝日・東映・ＡＤＫ

2013年（平成25年）10月6日～2014年（平成26年）9月28日放映

葛葉紘汰
（出演／佐野 岳）

人類を破滅から救うため、アーマードライダーとなってインベスに挑む！

ここからは、俺のステージだ！

沢芽《ざわめ》市に住む青年。元はチーム鎧武のメンバーだったが、同居する姉の支えになるために脱退、アルバイトに明け暮れていた。鎧武に変身し、人類を破滅から救う。

↑心優しい活動家で、困っている者を放っておけないタイプ。

→度々、ヘルヘイムの森に侵入し、その秘密に迫っていった。

↑勝てないと知りつつも、敵めがけて勇敢に立ち向かっていく。

→高い身体能力を誇り、アクロバティックな戦闘を得意とする。

↑いかなる苦境に陥っても決して怯まずに突き進んでいく。

↑最終的にはインベスを従え、駆紋戒斗との最終決戦に挑む。

↑ヘルヘイムの森で戦極（センゴク）ドライバーを拾い、鎧武の力を得た。

ロックシード

ヘルヘイムの森に繁殖する果実が、錠前型に変形したもの。使用者をアーマードライダーへと変身させる。

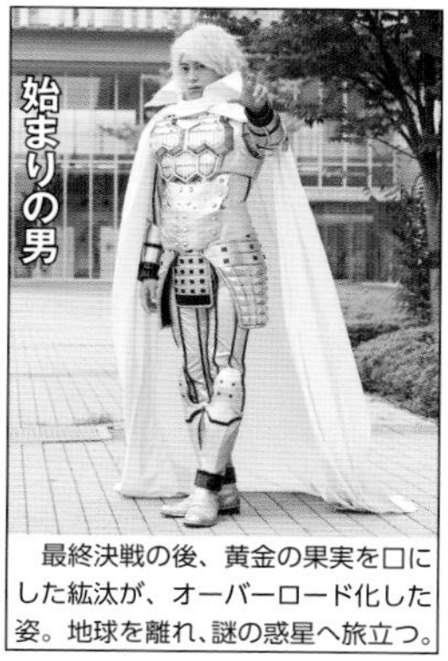

最終決戦の後、黄金の果実を口にした紘汰が、オーバーロード化した姿。地球を離れ、謎の惑星へ旅立つ。

仮面ライダー鎧武

戦極ドライバーとロックシードで変身！

←ライバル関係にあるアーマードライダーとの関わりのなかで、強大な力を手に入れた者だけが背負う「責任」を自覚するようになる。

↑無双セイバー ガンモードから光弾を発射し、インベスの固い表皮や装甲を破壊する。

→優れた乗馬技術を誇り、騎馬戦でライバルに立ち向かったこともある。

↑大橙丸（ダイダイマル
を勢いよく振り回し、イ
ンベスの頑丈な体を一刀
両断にする。

↑無双セイバーの一撃で
3体のインベスを同時
斬り倒したこともあった

↑強烈な破壊力
秘めた必殺技・
頼キックで、イ
ベスの体を爆破

強大な力を有する武将！

葛葉紘汰が戦極ドライバーとロックシードの力で変身するアーマードライダー。優れた剣技を駆使し、空間に発生したクラックから出現する怪物、インベスに立ち向かう。

オレンジアームズ

オレンジロックシードで変身する基本形態。身体能力のバランスが良く、攻防に優れた武装形態であり、基本装備・無双セイバーと専用アームズウェポン・大橙丸で敵を粉砕する。

パインアームズ

↑パインアイアンで敵を叩き、体を打ち砕く。

パインロックシードで変身。肩から腕全体と胸部を覆うスパイク付きのアーマーを纏い、パインアイアンと呼ばれる鉄球を武器とする。

イチゴアームズ

イチゴロックシードで変身。跳躍力と俊敏性に優れ、クナイ型のアームズウェポン・イチゴクナイを用いた連続攻撃を主体に闘う。

↑イチゴクナイを構え、インベスに斬りかかる。

バナナアームズ

↑バロンと共闘。ライバルのブラーボに挑む。

仮面ライダーバロンから借りたバナナロックシードを用いて変身した派生形態の一種。バナスピアーを使用し、敵の装甲を貫く。

ドリアンアームズ

仮面ライダーブラーボが持つドリアンロックシードを用いて変身した派生形態。鋸型のアームズウェポン・ドリノコを２本構える。

↑強敵、仮面ライダーマルスとの対決で変身。

ドングリアームズ

↑ドンカチの一撃で敵の装甲を砕いてしまう。

仮面ライダーグリドンが持つドングリロックシードを用いて変身した派生形態。ハンマー型のアームズウェポン・ドンカチで攻撃。

ヨロイモード

スイカアームズ

スイカロックシードを用いて変身する巨大重装備形態。スイカ双刃刀と呼ばれる薙刀型の専用アームズウェポンで、敵を斬り倒す。

大玉モード

ジャイロモード

↑戦闘状況に応じて、ヨロイモードの他にも大玉モード、ジャイロモードに変形し、インベスに挑む。

ジンバーレモンアームズ

↑素早い攻撃を得意とし、跳躍した状態から敵めがけてソニックアローを撃ち込む。

ゲネシスコアで拡張した戦極ドライバーに、オレンジロックシードとレモンエナジーロックシードを装填して変身する強化形態。専用武器・ソニックアローで敵を射抜く。

ジンバーチェリーアームズ

↑ソニックアローの両端にある鋭い刃で、インベスの体を真っ二つに斬り裂いてしまう。

ゲネシスコアで拡張した戦極ドライバーに、オレンジロックシードとチェリーエナジーロックシードを装填して変身。全身に漲る怪力を発揮してインベスを叩きのめす。

ジンバーピーチアームズ

↑オーバーロードに闘いを挑んだが、その圧倒的な戦闘力の前に敗退してしまう。

ゲネシスコアで拡張した戦極ドライバーに、オレンジロックシードとピーチエナジーロックシードを装填して変身。優れた聴力で、敵の居場所をいち早く発見できる。

仮面ライダー鎧武・闇 ブラックジンバーアームズ

↑ソニックアローを勢いよく振り回し、敵に容赦ない攻撃を仕掛けて止めを刺す。

コウガネに邪悪の種を植え付けられた葛葉紘汰が、ブラックオレンジロックシードとブラックレモンエナジーロックシードの力で変身。仮面ライダー龍玄を襲撃した。

ウィザードアームズ

鎧武がウィザードロックシードを用いて変身した姿。魔宝石のアーマーを身に纏い、魔力やエネルギー波の攻撃に強い耐性をもつ。

1号アームズ

鎧武が仮面ライダー１号から託された昭和十五ライダーロックシードを使って変身した姿。必殺技・ライダーキックで敵を粉砕する。

ドライブアームズ

鎧武が仮面ライダードライブと力を分け合い、ドライブロックシードで変身したスペシャル形態。ハンドル剣を超高速で振り回す。

カチドキアームズ

新たに手に入れたカチドキロックシードを用いて変身する、鎧武の強化形態。全身を重装甲のアームズで包み、大型銃から巨大剣に変形する新型武器、火縄大橙ＤＪ銃でオーバーロードに立ち向かう。

↑重装備の形態ではあるが、高い跳躍力を発揮して敵に攻撃を仕掛ける。

↑あらゆる攻撃を受け止め、無効化するという突出した防御力を有していた。

↑背中に装着した２本のカチドキ旗を抜いて武器とし、敵を叩きのめす。

↑全身を包む鎧には、全アーマードライダーのアームズの力が融合していた。

↑無双セイバーや様々なアームズウェポンを呼び出し、完璧に使いこなす。

極アームズ

戦極ドライバーにセットされたカチドキロックシードに、極(キワミ）ロックシードを装填して変身する、鎧武の究極形態。変幻自在な攻撃を得意とし、オーバーロードとも互角の戦闘を繰り広げる。

↑空中からの攻撃を得意とし、突進しながら敵にソニックアローを撃ち込む。

駆紋戒斗

（出演／小林 豊）

強者となって世を勝ち抜こうとする男！

↑気性が激しく、生身の状態でもインベスに敢然と立ち向かっていく。

↑いかなる苦境にも怯まず、常に生き残るための行動を模索する。

↑他のチームを積極的に潰そうとする、攻撃的なメンバーを取り纏めた。

↑他人に対して無愛想で威圧的な態度を取るが、悪意はまったく無い。

↑戦闘中に左腕を負傷し、体内にヘルヘイムの植物が侵食してしまう。

↑インベスを率いて紘汰の前に出現強者になるための最終決戦に臨んだ

↑自らヘルヘイムの果実を食べて、ロード・バロンなって挑んだが、闘いの果てに命を落としてしま

↑普段はクールに振る舞っている。しかし、仲間を守るためには全力を尽くす男。

チームバロンのリーダー

仮面ライダーバロンに変身する青年でチームバロンのリーダー。父の工場が強引に買収されたことをきっかけに「弱者は強者に搾取される」という考えを抱き強大な力を求めるようになっていった。

仮面ライダーバロン

西洋騎士的な形態が特徴！

バナナアームズ

バナナロックシードで変身する、バロンの基本形態。専用アームズウェポンのバナスピアーを駆使し、ライバルを次々と撃破していく強豪。

↑ヘルヘイムの森へ侵入し、バナスピアーの一撃でインベスを粉砕。

↑一貫して弱者を否定し、自らが強者として世界に君臨することを願う。

白兵戦を得意とする！

駆紋戒斗が変身するアーマードライダー、西洋の騎士のような姿が特徴的。重装とパワーを活かした白兵戦を得意とし、鎧武と対立や共闘を繰り返しながらインベやオーバーロードと闘った。

マンゴーアームズ

バロンがマンゴーロックシードで変身。マンゴパニッシャーで近接格闘戦を展開する。

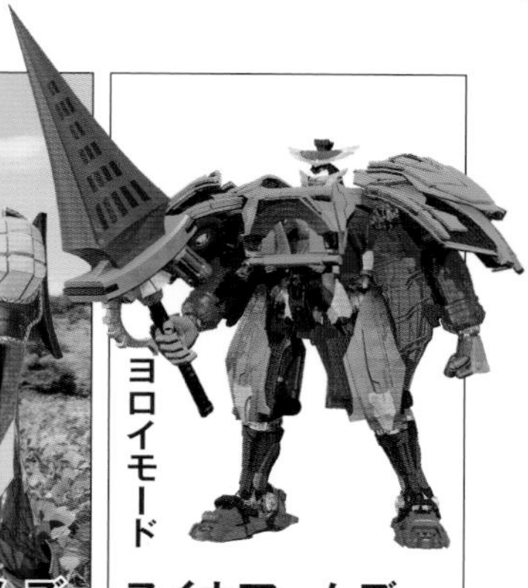

ヨロイモード

スイカアームズ

鎧武から借り受けたスイカロックシードを用い、バロンが変身した巨大重装備形態。

オーズアームズ

バロンがオーズロックシードを用いて変身。オーズ専用のメダジャリバーを振るう。

レモンエナジーアームズ

ゲネシスドライバーとレモンエナジーロックシードで変身する、バロンの次世代形態。

リンゴアームズ

バロンが禁断のリンゴロックシードの力で変身。鋭い剣と頑丈な盾で強敵に挑む。

ロード・バロン

ヘルヘイムの果実を食した駆紋戒斗が、オーバーロードインベスに進化を遂げた姿。

呉島光実

弱気が仇となり、自身の欲望を求める！

（出演／高杉真宙）

↑同じチームの高司 舞に対し、愛情に近いものを感じていたらしい。

↑オーバーロードのレデュエとも結託。自身の願いを叶えようとする。

↑自身の兄である貴虎に対して一撃を叩きこみ、海へと突き落とした。

↑舞を確保するために、オーバーロードを率いて仲間をも攻撃する。

↑紘汰を人気のない場所へ呼び出し、己の鬱憤と本心をぶつけるように襲い掛かって、命を奪おうとした。

↑自らの手で大切なものを壊したことで、心が折れてしまうが……。

↑正義の心を取り戻し、紘汰が去った後の地球を守ろうと決意する。

↑貴虎の部下として、ユグドラシル・コーポレーションに参加していた時期もある。

友人、実の兄と対立！

チーム鎧武に所属する青年で紘汰を兄のように慕っている。当初は仲間を守るために龍玄に変身し、インベスとの闘いに身を投じていたが、その後は、紘汰たちを欺き、自身の欲望のために暗躍を続けた。

仮面ライダー龍玄

遠距離の射撃戦を得意とする！

素早く敵を撃破する！

呉島光実が変身するアーマードライダーで、中国の武将のような姿が特徴的。射撃戦を得意とする一方、素早い動きを活かした接近戦で相手を翻弄する戦法も展開。

↑素早いキックを連続で繰り出し、敵を翻弄して止めを刺す。

↑マシンで敵地を強襲し、ブドウ龍砲から強力な光弾を放つ。

↑百発百中の射撃技術をもち、狙ったターゲットは絶対に外さない。

↑高所から降下しながらブドウ龍砲でインベスを攻撃。

ブドウアームズ

ブドウロックシードの力で変身する、龍玄の基本形態。専用アームズウェポン・ブドウ龍砲を用いて中距離、遠距離攻撃を行い、敵を撃破する。

キウイアームズ

↑キウイ撃輪で近接格闘戦を展開する。

龍玄がキウイロックシードで変身。高い身体能力と防御力を発揮してインベスに挑む。

仮面ライダー龍玄・黄泉 ヨモツヘグリアームズ

龍玄がヨモツヘグリロックシードで変身。装着者の生命力をエネルギーに変換して闘う。

↑強大な力を発揮して鎧武を追い詰めた。

Wアームズ

龍玄がWロックシードを用いて変身した姿。Wの専用武器・トリガーマグナムで遠方の敵を狙い撃つ。

呉島貴虎

（出演／久保田悠来）

ユグドラシル・コーポレーション研究部門のプロジェクトリーダー！

ヘルヘイムの森の侵食を防ぐ！

呉島光実の実兄であり、ユグドラシル・コーポレーション研究部門のプロジェクトリーダー。ヘルヘイムの森の侵食から人類を守るという強い使命感をもつ。

↑主にプロジェクトマネジメントやインベスの掃討などを担当していた。

↑ヘルヘイムの森の谷底へと落とさ
れ、重傷を負ってしまうが……。

↑仲間と思っていた戦極凌馬やシドらの裏切りに遭い、組織から失脚。

→オーバーロードのロシュオに救われた後、彼に情報を提供したことで解放され、人間の世界に戻る。

↑光実の動きを察知し、暴走を止めるために、決着をつけようとする。

↑オーバーロードと手を組んだ光実の
撃で危機に陥ってしまう。

↑兄を窮地に追いやった光実の前に貴虎の幻が現れ、彼を苦しめる。

↑最終的には光実と理解しあい、
乱した世界の復興支援に尽力した

仮面ライダー斬月

圧倒的なパワーを有する〝強者〟！

メロンアームズ

メロンロックシードの力で変身する、斬月の基本形態。無双セイバーと専用アームズウェポン・メロンディフェンダーを使った正確な戦法で、インベスを撃破していく。

ユグドラシル・コーポレーションの戦士！

呉島貴虎が変身する強力な戦士。登場当初は鎧武たちとも対立し、その圧倒的な強さから「白いアーマードライダー」として恐れられていた。

↑ヘルヘイムの森に侵入してきた鎧武を、容赦ない攻撃で追い詰めた。

↑無双セイバーを駆使した戦法で、いかなる敵も斬り倒してしまう。

↑ユグドラシル・コーポレーションのメンバーを率いて、作戦を実行。

仮面ライダー斬月・真 メロンエナジーアームズ

貴虎がゲネシスドライバーとメロンエナジーロックシードで変身した、次世代アーマードライダー。高い戦闘力を誇る。

↑ソニックアローを武器にし、他のアーマードライダーを攻撃。

↑身体能力や装甲の強度など、あらゆる面で鎧武らを上回る。

ウォーターメロンアームズ

試作のウォーターメロンロックシードで変身した、斬月の強化形態。怪力を発揮する。

カチドキアームズ

シン・カチドキロックシードの力で変身する、斬月の超形態。火縄甜瓜DJ銃を使用。

フォーゼアームズ

斬月がフォーゼロックシードで変身。大気圏突入にも耐えられる耐熱能力を有する。

城乃内秀保

（出演／松田 凌）

“戦略家”を自任する、日和見主義の青年！

チームインヴィットのリーダー！

チームインヴィットをまとめている青年。自らを策士、戦略家タイプと認めているが、その実は日和見的な性格。初瀬と協力関係にあるが、闘いに関しては、かなり及び腰だった。

↑凰蓮の下で戦士としての厳しい修業を受けた。

↑運動神経は鈍くなく、サッカーの試合でも活躍。

↑人間的な成長を見せ、正義のために活躍する。

仮面ライダーグリドン

接近戦を得意とする！

城乃内秀保が変身するアーマードライダー。当
は卑劣な攻撃をしていたが、ブラーボとの共闘を
けるなかで心身共に成長した。接近戦が得意らしい

↑ハンマー型の専用アームズウェポン・ドンカチで敵を叩く。

スイカアームズ

スイカロックシードで変身する、グリドンの重装備形態。

ライチアーム

ライチロックシ
ドで変身。全身の
ワーが強化された

ドングリアームズ

ドングリロックシードの力で変身する、グリドンの基本形態。戦闘力的には今一つ。

卑劣な策士から正義の戦士に成長！

初《は》瀬《せ》亮二

（出演／白又 敦）

血気盛んで野心家の青年！

チーム レイドワイルドのリーダー！

血気盛んな青年でかなり野心家だが、勝算が無いもかかわらず、強い敵やンベスに立ち向かっていなど、無謀としか思えな行動を取ることが多い。

月との戦闘後、ヘイムの果実をした。

↑果実の影響を受け、体がインベス化していく。

ヘキジャインベス
初瀬亮二が変貌した姿。右腕の鋭い鉤爪が武器。

仮面ライダー黒影

槍を使った中距離戦を展開！

↑バロンにも襲い掛かったが、まったく敵わずに敗退する。

マツボックリアームズ

マツボックリロックシードで変身する、黒影の基本形態。槍型の専用アームズウェポン・影松を振るい、敵の装甲を貫いて倒す。

スピード戦を展開！

初瀬亮二が変身するアーマードライダーで、素早い身のこなしを活かした中距離戦闘が得意。斬月と闘った際、戦極ドライバーを破壊されてしまう。

黒影トルーパー

量産型アーマードライダー

集団で敵を攻撃！

ユグドラシル・コーポレーション所属の武装部隊メンバーが、量産型戦極ドライバーとマツボックリロックシードで変身。集団攻撃を得意としている。

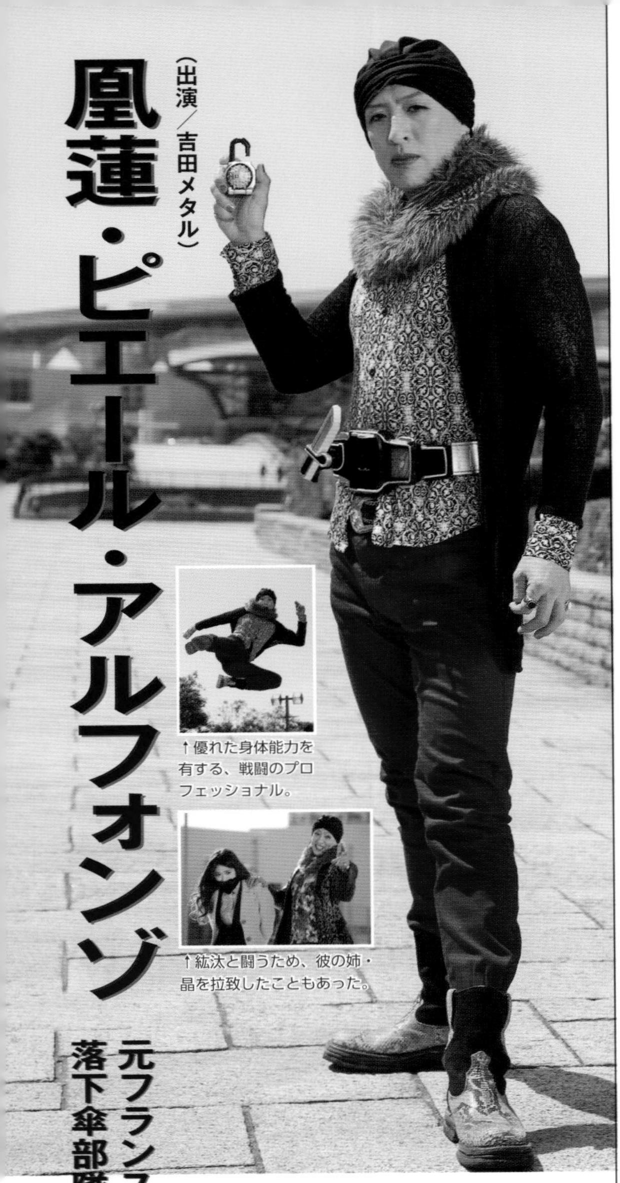

凰蓮・ピエール・アルフォンゾ

（出演／吉田メタル）

元フランス空軍落下傘部隊のパティシエ！

↑優れた身体能力を有する、戦闘のプロフェッショナル。

↑紘汰と闘うため、彼の姉・晶を拉致したこともあった。

貴虎に好意を寄せる！

洋菓子店「シャルモン」の店長を務めるパティシエで、本名は凰蓮厳之介。屈強な肉体の男性で、フランス国籍を取得するため、軍の落下傘部隊に所属していた過去をもつ。

↑斬月にときめきを感じ、「メロンの君」と呼んで慕った。

ドリアンアームズ

ドリアンロックシードで変身する、ブラーボの基本形態。専用アームズウェポンの双剣・ドリノコで敵の装甲を切断。

仮面ライダーブラーボ

戦闘のプロフェッショナル！

↑強烈なキックを放ち、鎧武を戦闘不能寸前にした。

↑公園の遊具を利用し、グリドンに特訓を行った。

ミスターデンジャラス！

凰蓮・ピエール・アルフォンゾが変身するアーマードライダーで、トップクラスの戦闘スペックを誇る。当初は鎧武らと敵対したが、ヘルヘイムの森の真相を知り、共闘する。

キング
ドリアンアーム
ブラーボがキング
リアンロックシート
変身。グリドンを襲

沢芽市民を全力で守る！

チームバロンのNo.2で、戒斗から絶大な信頼を受けている、副官的存在の青年。ダンスのスキルも高く、戒斗がチームを脱退する際に、リーダーの座と量産型戦極ドライバーを託された。

ザック

（出演／松田 岳）

チームバロンを仕切る、No.2！

過去にはチームの勢力拡大のために姑息な手段を取ることもあった。

↑リーダーに就任してからは、沢芽市を守るという強い責任感に目覚める。

↑戒斗の世界破壊を食い止めるため、彼に協力する湊 耀子と闘った。

仮面ライダーナックル

ミスターナックルマン！

クルミアームズ

クルミロックシードで変身する、ナックルの基本形態。両腕にナックルグローブ型の専用アームズウェポン・クルミボンバーを装着。

↑強烈なパンチを繰り出し、インベスを空中高く吹っ飛ばして倒す。

強大な攻撃力を発揮！

ザックが量産型戦極ドライバーを使って変身するアーマードライダー。全身に強大な攻撃力を秘めており、インベスとも互角の闘いを繰り広げる。また、上半身を覆う装甲は頑強。

↑キック攻撃にも優れており、鎧武を追い詰めたこともあった。

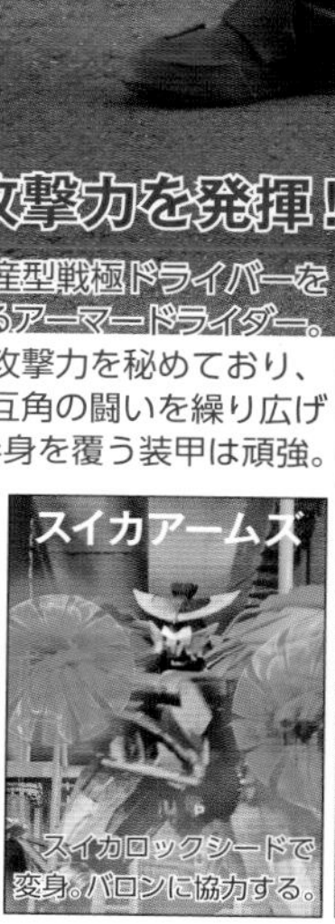

スイカアームズ

スイカロックシードで変身。バロンに協力する。

ジンバーマロンアームズ

マロンエナジーロックシードで変身。専用アームズウェポン・マロンボンバーを使用。

戦《せん》極《ごく》凌馬

（出演／青木玄徳）

戦極ドライバーを開発した、天才科学者！

↑権力欲が異常に強く、黄金の果実を手に入れようとする。

↑最終的にはロード・バロンによって息の根を止められた。

神の力を求める！

ユグドラシル・コーポレーションの一員としてヘルヘイムの森の研究に従事する人物。天才的な科学者で、ロックシードや戦極ドライバー、ゲネシスドライバーなどを開発した。

メカ戦極凌馬

機械生命体メガヘクスが、葛葉紘汰の記憶を解析して再現した、機械人間の戦極凌馬。

仮面ライダーデューク

次世代アーマードライダーのトップ！

レモンエナジーアームズ

レモンエナジーロックシードで変身する、デュークの基本形態。スピード性能を存分に発揮し、ソニックアローの正確な射撃で敵を倒す。

オーバーロード以上の戦闘力を有する！

戦極凌馬がゲネシスドライバーで変身した、次世代アーマードライダーのトップ。旧世代のアーマードライダーはもちろん、オーバーロード以上の戦闘力・能力を発揮できる。

↑ソニックアローを駆使した攻撃で、鎧武を幾度も苦しめた。

↑バロンを追い詰め、強烈なニーキックの一撃でダウンさせる。

レモンアームズ

レモンロックシードで変身する、デュークのプロトタイプ。

ドラゴンエナジーアームズ

メカ戦極凌馬がドラゴンフルーツエナジーロックシードで変身

↑言葉巧みに若者たちを誘惑する狡猾な男で、執念深い一面も見せる。

↑黄金の果実を手に入れるため、自ら組織の汚れ役を受け持ち、暗躍する。

↑オーバーロードの王、ロシュオの怒りを買い、命を落としてしまった。

黄金の果実を狙う！

ユグドラシル・コーポレーションに雇われ、ロックシードを売り歩く錠前ディーラー。同時に戦闘テストのモルモットとなる者たちに戦極ドライバーを与えていた。

シド

（出演／波岡一喜）

ロックシードを売り歩く錠前ディーラー！

仮面ライダーシグルド

ソニックアローで敵を斬る！

シドが変身した次世代アーマードライダー。荒荒しく残虐な攻撃を得意としており、ソニックアローを剣のように振り回して敵を斬り裂く、接近戦を繰り広げる。また、怪力戦士でもあった。

↑ヘキジャインベスを処分するため、攻撃の先陣を切った。

↑正義を貫こうとする鎧武に、異様なまでの敵対心を燃やす。

荒々しく残虐な攻撃を展開！

チェリーエナジーアームズ

チェリーエナジーロックシードで変身する、シグルドの基本形態。肩部装甲チェルエナジースリーブで敵の攻撃を弾き返す。

湊 耀子

（出演／佃井皆美）

戦極凌馬直属の秘書兼ボディーガード！

↑当初は凌馬に従い、戒斗たちを実験材料として利用していた。

↑高い身体能力と格闘技術を備えており、凰蓮とも互角に闘う。

戒斗の生き様に共感！

戦極凌馬直属の秘書兼ボディーガードの女性だったが、駆紋戒斗の生き様に魅せられ、行く末を見届ける決意を固めて行動を共にする。

↑最後は、爆弾から戒斗を守ってビルから転落し、命を落とす。

高い攻撃力を発揮する女性戦士！

湊 耀子が次世代アーマードライダーに変身した姿。女性ながら高い身体能力を発揮し、スピード攻撃やアクロバット戦法で敵を撃破していく。

アクロバティックな闘いを好む！

仮面ライダーマリカ

ピーチエナジーアームズ

ピーチエナジーロックシードで変身する、マリカの基本形態。敵の攻撃を素早く躱しながらソニックアローによる射撃を行う。

↑鎧武に負けない攻撃力を発揮し、窮地に陥れた。

↑強烈なキックで、インベスの集団を弾き飛ばす。

↑仲間だった斬月・真をも執拗に追い詰めていく。

サクラハリケーン

アーマードライダー専用車両！

ヘルヘイムの森へ突入！

アーマードライダー専用マシンとして開発されたロックビークルの一種で、桜を模したロックモードからビークルモードへ変形する。

（ロックモード）

（ビークルモード）

↑走行中に空間の裂け目を発生させ、ヘルヘイムの森へと移動することが可能。

ローズアタッカー

ロックシードが変形！

高速安定走行が可能！

ロックビークルの一種で、薔薇を模したロックモードからビークルモードへと変形し、活動する。最高時速はサクラハリケーンと同じく245.0km。

（ロックモード）

（ビークルモード）

↑攻撃によって発生した爆発の中でも安定した走行をキープ。

↑ジャンプ力に優れ、インベスめがけて空中突進を敢行できる。

ユグドラシル・コーポレーション所有のロックビークル

新たに開発されたロックビークル群で、主に黒影トルーパーなどが搭乗し、鎧武らに攻撃を仕掛けていく。

ダンデライナー（ビークルモード）

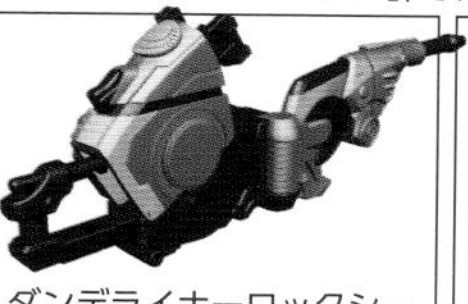

ダンデライナーロックシードから変形する、空中戦用ホバーバイク型ロックビークル。

チューリップホッパー（ビークルモード）

チューリップホッパーロックシードから変形する、２足歩行型ロックビークル。地上をジャンプし、移動。

無人スイカアームズ

ユグドラシルタワーに配備された、無人迎撃システムのスイカアームズ。

主要登場人物

高司舞（出演／志田友美）

プロのダンサーを目指す少女で、チーム鎧武の中心メンバー。

始まりの女（出演／志田友美）

舞が黄金の果実と一体化し、変身した姿。時空間を移動する。

チャッキー（出演／香音）

チーム鎧武の中でもトップレベルの実力を誇る女性ダンサー。

リカ（出演／美菜）

マイペースな性格だが、ダンスの実力はチャッキーと互角。

ラット（出演／小澤廉）

底抜けの明るさをもつ、チーム鎧武のムードメーカー的存在。

葛葉晶（出演／泉里香）

紘汰の心優しき姉で、親のように面倒を見る最大の理解者。

阪東清治郎（出演／弓削智久）

フルーツパーラー、ドルーパーズのマスターで、紘汰の友人。

↑ヘルヘイムの森に迷い込んだ紘汰と舞は、怪物に襲われる。

↑森で拾った戦極ドライバーで、紘汰は鎧武に変身し、敵に挑む。

↑一方、森では白いアーマードライダーが怪物を倒していた。

↑新たに登場したアーマードライダー、バロンと龍玄が激突。

↑闘いのなかで、紘汰は仲間を増やそうとするが、拒絶された。

舞を救うため、仲間の呉島光実が変身した龍玄と共にヘルヘイムの森へ侵入。インベスと激しい闘いを繰り広げる。

↑ヘルヘイムの果実の影響でダンサーの初瀬がインベスに変身。鎧武は倒すことができない……。

花道、オンステージ

アーマードライダーたちの対立と共闘！

↑ユグドラシルが放った次世代アーマー
ドライダー、シグルドと激戦を展開する。

↑凰蓮・ピエール・アルフォンゾが変身
したブラーボの攻撃に二刀流で対抗。

↑ヘルヘイムの森に君臨する生態系の頂点・オーバーロードが出現。人類の運命さ
えも左右する強敵を前に、紘汰は鎧武 ジンバーピーチアームズへと変身する。

オーバーロードに立ち向かうため、鎧
武がカチドキアームズに進化変身。

↑斬月・真と共闘し、オーバーロードの
デェムシュと対決。強敵を後退させる。

オーバーロードの王であるロシュオ。
さらにDJサガラが謎の行動を開始。

↑DJサガラから「オーバーロードになれ!」
と言われた紘汰が、極アームズに変身。

↑貴虎の斬月と光実の斬月・真が兄弟対
決を繰り広げ、貴虎は行方不明となる。

↑鎧武はロシュオと激戦を展開。その圧
倒的な力の前に倒れてしまうが……。

人類世界を侵食する ヘルヘイムの森!

インベスゲームに沸く沢芽市に、ヘルヘイムの森の侵食が迫る。偶然にアーマードライダーの力を手に入れた葛葉紘汰は鎧武となり、異世界の怪物に立ち向かっていく。

世界を壊そうとするバロンと、守ろうとする鎧武が激突し、マシン戦を繰り広げる。

バロンに変身する駆紋戒斗が、自らヘルヘイムの果実を食べてロード・バロンに変身。狡猾なユグドラシルの戦士、デュークを撃破。

↑激闘の末にバロンを下した紘
汰もまた、オーバーロードに。

↑紘汰は舞と共に、新たな地で
新たな世界を築こうと決意する。

↑龍玄と共闘して悪の戦士を倒
し、再び新たな地へ帰っていく。

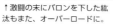

仮面ライダー武神鎧武

悪の武神ライダー！

ブラッドオレンジアームズ

武神鎧武の基本形態で、鎧武 オレンジアームズに酷似。無双セイバーと刀身が赤い大橙丸を武器にする。

異世界に出現！

異世界（戦極時代）に出現した武神ライダーの一人。自らの意思で他の武神ライダーを倒し、諸国を支配しようと企てる。

蓮華座武神鎧武

武神鎧武がご神木と融合し、変身した最強形態。

仮面ライダーフィフティーン

地下帝国バダンの戦士！

↑全身各部が、銀色の外骨格のような装甲で覆われている。

葵 連

（出演／板尾創路）

地下帝国バダンの一員。息子を失っている。

ウィザード、フォーゼ、ディケイド、鎧武のアームズを装着し、戦闘力・能力を強化。

生と死の世界を入れ換えようとする！

葵 連が戦極ドライバーで変身する悪の戦士。生と死の世界を入れ換えることを目的としており、専用武器の黄泉丸で敵を斬り倒す。

仮面ライダーマルス

オーバーロードが作った人造人間！

ゴールデンアームズ

金のリンゴロックシードの力で変身する、マルスの基本形態。頑強な盾と鋭い剣を使用。

アーマードライダーを狙う！

アーマードライダーの絶滅を企てるコウガネが、戦極ドライバーで変身した姿。剣から放つエネルギーの刃で敵の体を切断する。

コウガネ

（出演／片岡愛之助）

オーバーロードに創造された悪の人造人間。

炎の馬

マルスに無数のイナゴが結合し、変身する炎怪物。

仮面ライダー冠《カムロ》

鎧武らと共闘！

シルバーアームズ

銀のリンゴロックシードで変身する、冠の基本形態。蒼銀杖で敵を叩きのめす。

オーバーロードが変身！

ラピス（真の名称はシャムビシェ）が変身した正義の戦士。マルスの野望を阻止するため、自身の体を銀のエネルギー球に変形。鎧武たちが展開するサッカー攻撃に参加した。

ラピス

（出演／田中偉登）

人類に味方するオーバーロードインベス。

仮面ライダー邪武《ジャム》

コウガネが憑依！

ダークネスアームズ

龍玄と対決！

鎧武たちに撃破されたと思われていたコウガネ（マルス）が、沢芽市に住む少女の体を乗っ取り変身した戦士。無双セイバーと黒い大橙丸を合体させたナギナタモードで攻撃。

少女

コウガネに意思を
られ、邪武に変身した

メカ黒影

機械兵士！

集団で攻撃！

複製された戦極ドライバーで、ガヘクスが造り上げたメカ兵士変身した戦士。２体が出現し、玄と激戦を繰り広げた。

仮面ライダーイドゥン

神出鬼没！

リンゴアームズ

禁断のリンゴロックシードで変身する、イドゥンの基本形態。

斬月と対決！

朱月藤果が変身。高い戦闘能力を活かし、クラックを使った神出鬼没な攻撃を展開する。

朱《あか》月《つき》藤《とう》果《か》

（出演／岩田さゆり）

呉島家の使用人だった女性。

仮面ライダー黒影・真

パラレルワールドに出現！

マツボックリエナジーアームズ

マツボックリエナジーロックシードで変身する、黒影・真の基本形態。影松・真を振るう。

邪悪の種を植えつけられた！

チームバロンのペコがゲネシスドライバーを使って変身する次世代ライダー。コウガネがばらまいた邪悪の種の影響で凶暴化した。

ペコ

（出演／百瀬朔）

パラレルワールドに存在する人物。

次世代の戦士！

ドラゴンエナジーアームズ

プロトタイプのドラゴンフルーツエナジーロックシードで変身する、次世代の戦士。

アルフレッド

（出演／河相我聞）

財団の御曹司であるシャプールの執事。

オーバーロード態

ロックシードが暴走し、タイラントが怪物化。

最後はオーバーロード化！

アルフレッドが変身。全身に漲る怪力とソニックアローで、敵を徹底的に追い詰める。

仮面ライダーセイヴァー

戦極凌馬の前任者！

セイヴァーアローで敵を倒す！

狗道供界が変身する悪の戦士。沢芽市に出現してテロ活動を繰り広げた。セイヴァーアローとブラッドオレンジの大橙丸を武器にする。

ブラッドザクロアームズ

ザクロロックシードとブラッドオレンジロックシードで変身する、セイヴァーの基本形態。

狗《く》道《どう》供《く》界《がい》

（出演／鳥羽潤）

ユグドラシルで戦極凌馬の前任者だった男。

ネオ・バロンのリーダー

ナックルと対決！

ナンバーがないバナナロックシードで変身する、悪の戦士。バナスピアーで敵を襲う。

シュラ

（出演／中村龍介）

ネオ・バロンを支配している凶悪な男。

仮面ライダーシルフィー

ブラーボを操る！

ヘルズアームズ

ヘルヘイムロックシードで変身する、シルフィーの基本形態。

グリドンを襲う！

鈴鹿まさこが変身した悪の戦士。ブラーボを操り、グリドンの命を奪おうと企てた。

鈴鹿まさこ

（出演／鷲見友美ジェナ）

城乃内の秘書を務めている優秀な女性。

人造人間キカイダー

正義の人造人間！

良心回路をもつ！

ロボット工学の権威が製作した人造人間で、体内に良心回路を有している。

ジロー

（出演／入江甚儀）

キカイダーが人間に変身した姿。人間を守る。

インベス、オーバーロード、怪人

インベスとは、ヘルヘイムの森に棲息する強靭な生命力を有した怪生物。また、オーバーロードは、森の生態系の頂点に君臨する種族に対し、人類側が付けた呼び名である。

初級インベス

インベスゲームに利用される最下級の怪物。戦闘力は低い。

初級インベス飛行態

ヘルヘイムの果実を食べた初級インベスの進化形。空を飛行。

初級インベス凶暴態

制御不能となった初級インベス。頭部が触腕のように変形。

ビャッコインベス

角居裕也

（出演／崎本大海）

チーム鎧武を纏めるリーダー。

角居裕也がヘルヘイムの果実を食べて怪生物に変貌した姿。右手の巨大な爪を振り回し敵の体を引き裂く

シカインベス

頭部と背中にある大型の枝角で、敵の装甲をつらぬく怪力を発揮する。

シカインベス強化体

シカインベスが、イチゴロックシードの影響で３倍に巨大化した姿。

コウモリインベス

空中を自由自在に飛行し、腕部にある小さな翼で敵の体を斬り裂く。

イノシシインベス

巨体と２本の大きな角で敵を襲う怪物。突進戦法で敵を弾き飛ばす。

セイリュウインベス

全身が半金属化しており、弾丸をも跳ね返す。口から火球を放つ。

コウモリインベス変種体

翼の色が白いことが特徴。ヘルヘイムの果実を探し、人を襲った。

怪人ウツボカズラ

胸にある壺が異空間になっており、飲み込んだ戦士の戦闘力を奪い取る。

カミキリインベス

ロックシードを体内に吸収した初級インベスが変化。触角で敵を攻撃

セイリュウインベス強化体

セイリュウインベスがヘルヘイムの果実を食して巨大化。空中を飛行。

ライオンインベス

全身が筋肉で覆われており、圧倒的な力と俊敏性で敵に襲い掛かる。

地下帝国バダン

地球の裏側に存在する世界にバダン・シティーを建造した悪の大組織。

（出演／菅田 俊）

暗闇大使

バダンの大幹部だが、その正体は仮面ライダーＺＸこと村雨良である。

ヤマアラシロイド

バダンのＵＦＯサイボー
グ。全身から針を発射する。

タイガーロイド

バダンの幹部怪人。全身の重火器から砲弾を発射。

骸骨恐竜（バダン総統）

悪霊エネルギーの集合体である、バダン総統の正体。

モグラロイド

強制的に生み出したクラックで空間と空間を繋げる。

巨大ライオンインベス

ヘルヘイムの果実を大量に食したインベスが巨大化。

デェムシュ

優れた知性と独自の言語を使
い、インベスを自由自在に操る。

レデュエ

長槍・ダウでヘルヘイムの森の植物を操る。高い知能をもつ。

ロシュオ

オーバーロードの王。思念波による意思伝達や念動力を発揮。

人造人間ハカイダー

戦極凌馬

（出演／青木玄徳）

ハカイダーの最終テストを依頼された。

戦極凌馬が自身の脳波を利用して起動させた人造人間だが、圧倒的な破壊衝動に取り憑かれたため、制御困難となってしまう。強力銃を使用。

ャギインベス

瞬発力に優れた肉体と、
両手・両足の固い蹄で攻撃。

デェムシュ進化体

ヘルヘイムの果実を大量に食べて進化変身した姿。

デュデュオンシュ

素早い動きと、専用剣・デェンゴシュイムで攻撃。

グリンシャ

ロシュオ直属の兵士。大剣・アアシュイムを使用。

イナゴ怪人

体を無数のイナゴに分裂させ、敵の攻撃を無力化。

ンムグルン

甲羅と一体化した蛇
操り、巨大な斧・デ
ムブで敵の体を斬る。

王妃

（出演／岩崎ひろみ）

既にこの世にはなく、ロシュオが復活を望んでいた、愛する王妃。

DJサガラ

（出演／山口智充）

人類やオーバーロードをも超越した存在で、正体はヘルヘイムの森。

普段は沢芽市の人気ＤＪとして活動していた。

メガヘクス

自らを機械化した種族。全宇宙の惑星の融合が目的。

メガヘクス強化体

両腕をブレードやエネルギーガンに置き換えた形態。

2014年(平成26年)10月5日～2015年(平成27年)9月27日放映

ひとっ走り、つきあえよ!

制作スタッフ
原作／石ノ森章太郎　スーパーバイザー／小野寺 章（石
プロ）プロデュース／佐々木 基(テレビ朝日)・大森敬仁・
月 卓(東映)　プロデュース補／菅野あゆみ(テレビ朝日
小高史織　脚本／三条 陸・長谷川圭一・香村純子・毛利
宏　監督／田﨑竜太・柴﨑貴行・諸田 敏・山口恭平・金
治（ジャパンアクションエンタープライズ）・石田秀範・
村展弘・舞原賢三　特撮監督／佛田 洋（特撮研究所）　ア
ション監督／石垣広文・宮崎 剛（ジャパンアクションエンタープライズ）　音楽
鳴瀬シュウヘイ・中川幸太郎　撮影／松村文雄・倉田幸治・植竹篤史　照明／
秀・水本富男　録音／南 徳昭・遠藤和生・堀江二郎　視覚効果／日本映像クリエ
ティブ　美術／大嶋修一　装飾・小道具／東京美工　装置／紀和美建　メイク／
ンメイク　衣裳／東京衣裳　助監督／塩川純平・上堀内佳寿也・茶谷和行・清水賢
永井大裕・原田拓明・浦 弘之・荒川史絵・大峯靖弘・谷口昌史・石井千晶・小野
昌　編集／佐藤 連　MA／曽我 薫　選曲／金成謙二　音響効果／大野義彦　キャ
クターデザイン／田嶋秀樹・ＰＬＥＸ　クリーチャーデザイン／竹谷隆之　造型
ブレンドマスター　特撮コーディネーター／中根伸治　特撮スーパーバイザー／
立亨　ラインプロデューサー／道木広志　制作／テレビ朝日・東映・ＡＤＫ

泊 進ノ介

（出演／竹内涼真）

警視庁・特殊状況下
事件捜査課（特状課）の巡査！

↑明るくひょうきんな性格だが、普段は昼行灯を気取っていた。

↑身長1.85mの23歳で血液型はO型。警察内での階級は巡査。

↑仮面ライダードライブに変身し、ロイミュードの野望に敢然と立ち向かう。

↑高い身体能力を発揮し、変身前でもロイミュードと格闘する。

↑ベルトさん（ドライブドライバー）や詩島霧子と共に活動。

↑敵が放った光弾を受けて殉職するが、仲間の協力で蘇生した。

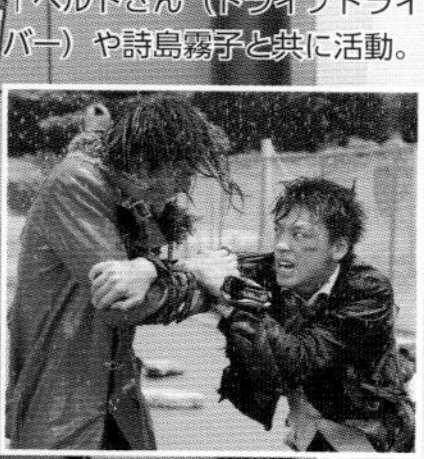

↑激しい闘いのなかで、ロイミュードとも心を通わせていった。

↑真相を理解した際の決め台詞は「脳細胞がトップギアだぜ！」。

↑ロイミュードの事件解決後、警視庁捜査一課配属となった。

事であり、
面ライダーでもある男！

警視庁・特状課に所属する刑事。グローバ
フリーズの際に相棒に怪我をさせ、気力を
っていたが、ロイミュードの再出現を知り、
面ライダードライブとして闘うことを決意。

シフトカー

自己意思をもった小型車両。使用者に仮面ライダーへの変身パワーや、戦闘力・能力などを与える。

仮面ライダードライブ

重加速現象に影響を受けず、ロイミュードと対決!

タイプスピード

シフトスピードで変身するドライブの基本形態。胸部に装備した「コア・ドライビア-N」の稼働エネルギーにより、ロイミュードが発生させる「重加速現象」を打ち消して活動。

↑敵の弱点を発見。ドア銃の光弾を正確に命中させて撃破する。

↑垂直の石垣を素早く移動し、トリッキーな攻撃を仕掛ける。

↑スピーディーな戦法を得意とし、ハンドル剣で敵を斬り倒す。

↑空中へと跳躍し、ロイミュードの死角へ回り込んで反撃。

タイプスピードのタイヤコウカン

胸のタイヤを交換して登場させる10種のタイプスピード強化形態。

タイヤコウカンで様々な形態に変身!

泊 進ノ介がシフトブレスにシフトカーを装填し、ドライブドライバーとトライドロンの力で変身した姿。体にセットするタイヤを交換することにより、様々な強化形態に変わる。

↑腕に漲る怪力とハンドル剣の強度で、敵の攻撃を弾き返す。

↑凄まじい破壊力を秘めたワイルドロップで、敵の体を粉砕。

↓複数のロイミュードからの攻撃にも怯まず、互角の戦闘を繰り広げる。

タイプワイルド

進ノ介がシフトワイルドの力で変身した形態で、装着者の強い情熱によって全パワーを発揮する。怪力を活かした突進攻撃が得意。

タイプワイルドのタイヤコウカン

タイプワイルド ダンプ

タイプワイルド レッカー

タイプワイルド ドクター

肩のタイヤを交換して登場させる、タイプワイルドの強化形態。パワー重視の攻撃や作業活動の際、その能力を発揮する。

↑ロイミュードの高熱攻撃を浴びた際も、冷静に状況を分析。

↑「最強のメカニックマスター」の異名をもった形態でもある。

↑猛突進してくる敵を受け止めて押し返し、パンチで反撃した。

タイプテクニック

進ノ介がシフトテクニックの力で変身した形態で、装着者のクールな心によって全パワーを発揮。機械を瞬時に解析する力を有する。

タイプテクニックのタイヤコウカン

タイプテクニック ブレイバー

タイプテクニック グラビティ

タイプテクニック ウインター

胸のタイヤを交換して登場させる、タイプテクニックの強化形態。敵の確保や動きを停止させる際に変身することが多い。

タイプデッドヒート

進ノ介がシフトデッドヒートの力で変身した形態で、ロイミュードのデッドゾーンに対抗するために開発された。超高熱を帯びた強烈なパンチやキックで敵を撃破していく。

タイプデッドヒート未完成形態

未完成のシフトデッドヒートで変身。力が制御できず暴走してしまう。

タイプデッドヒートのタイヤコウカン

胸のタイヤを交換して登場させる、タイプデッドヒートの強化形態。

↑当初は暴走を止めようとしたマッハにも攻撃を仕掛けた。

↑全身に熱エネルギーを纏ってキックを放ち、敵を粉砕。

↑ハンドル剣を構えたまま突進し、敵を次々と斬り倒す。

タイプフォーミュラ

進ノ介がシフトフォーミュラの力で変身する形態で、開発者が想定した〝ドライブ最強のタイプ〟。超高速移動能力を備えているが、変身者の肉体に多大な負担をかけてしまう。

タイプフォーミュラのタイヤコウカン

腕のタイヤを交換して登場させる、タイプフォーミュラの強化形態。火炎放射やジャッキ、スパナなどを使った攻撃で、強力なロイミュードに対抗。

↑凄まじい突進力やパンチ、キックを繰り出し、ロイミュードを圧倒する。

↑膨大なエネルギーを使って強烈な火炎攻撃を放ち、敵の体を木っ端微塵に打ち砕く。

手刀の一撃でロイミュード
)体を砕き、戦闘不能にする。

タイプトライドロン

ドライブの究極形態で、シフ
トライドロンにエネルギーが
中したことにより、偶発的に
生。全タイプの中で最強のス
ックを誇り、超進化したロイ
ュードの攻撃も受け付けない。

↑必殺キック・トライドロップで敵の頑強な装甲を砕く。

↑タイヤカキマゼールはタイヤコウカン以上の性能を発揮。

タイプトライドロンの

タイプトライドロン
アタック1・2・3

タイプトライドロン
ピーポーセーバー

タイプトライドロン
コウジゲンバー

肩のタイヤを交換して登場させる、タイプトライドロンの強化形態。必殺技を放つ際や、被害者の救助、万能道具を使った攻撃を行う時などに変身。

タイプスペシャル

新ドライブドライバーと調整されたシフトネクストスペシャルの力で生み出された、特殊強化形態。未知の力を発揮した。

↑全パワーを集中させたパンチで、敵を空中へ吹き飛ばす。

↑ドライブたち3大仮面ライダーの専用武器を使用できる。

タイプフルーツ

シフトフルーツの力で変身するドライブの特殊形態。大橙丸と無双セイバーを使用。

仮面ライダー超デッドヒートドライブ

トライドロンキーとマッハドライバー炎で変身した、ドライブの半身装甲形態。

仮面ライダーデッドヒートドライブ

進ノ介が、マッハドライバー炎にシフトデッドヒートを装填し、変身する特殊形態。

仮面ライダーゼロドライブ

2005年のドライブドライバーとシフトスピードプロトタイプで変身した想定外の形態。

詩島 剛

（出演／稲葉 友）

ロイミュードの破壊を目的にした アメリカ帰りのカメラマン！

詩島霧子の弟！

アメリカから来た青年で、進ノ介の同僚である詩島霧子の弟。ハーレー博士によって仮面ライダーマッハの装着者に抜擢され、訓練を受けていたが、途中で日本に帰国してドライブと共闘するようになった。実の父が開発したロイミュードを憎んでいる。

↑派手なパフォーマンスをしながら登場するという、やや自意識過剰な面が目立つ青年だが、正義感が強く、戦士としてのスキルもかなり高い。

↑一般人ながら捜査能力に優れる。進ノ介を「進兄さん」と呼んでいた。

↑高所に立ってロイミュードたち威嚇し、すかさず攻撃を開始する

↑変身前でも専用マシンのライドマッハーを駆使し、敵を追跡して攻撃。

↑数少ない身内である姉を心から っており、親愛の情を真摯に見せ

↑カメラマンとしての技術も高く、シャッターチャンスを逃さない。

↑進ノ介と力を合わせ、ロイミュ ドが起こす難事件を解決していく

↑ロイミュードを倒す手掛かりを得るため、敵側に潜入したこともある。

↑より強くなるため、常に自分自 を鍛えるストイックな一面をもつ

仮面ライダーマッハ

ネクストシステムを有し、自ら重加速を発生させる！

マッハのシグナルコウカン

マッハドライバー炎にセットするシグナルバイクを交換して登場させる、マッハの強化形態。専用武器・ゼンリンシューターから発射される技の破壊力・能力が変化することが特徴。

マッハ マガール

マッハ カクサーン

マッハ トマーレ

マッハ キケーン

マッハ モエール

マッハ マゼール

マッハ アラブール

→高い場所から勢いよくダイブし、地上のロイミュードたちと戦闘を開始する。

→当初は、ロイミュードが変身した仮面ライダーチェイサーに敵意を抱いていた。

↑超スピード能力と射撃力を駆使し、あらゆる敵を素早く撃破していく。

↑ロイミュードを捕らえ、凄まじいまでの格闘戦を展開して追い詰める。

戦闘終了後にコンポジット
ェイスガードを上げ、内部に
り込んだ不純物などを放出。

追跡、撲滅、いずれもマッハ！

詩島 剛が、マッハドライバー炎にシグナルマッハを装塡し、変身した姿。ドライブよりも強力なネクストシステムをもち、NEX - コア・ドライビアのリミッターを解除すれば、自らの力で重加速を引き起こすこともできる。

仮面ライダー デッドヒートマッハ

剛がシフトデッドヒートの力で変身した形態で、スピード性能は通常のマッハよりも劣るが、パワーは強大になっている。限界を超えるとバーストして暴走状態に陥るが、見事に使いこなされた。

↑バースト状態でも敵と互角に闘える。その際、デッドヒートマッハバーストとも呼ばれた。

↑凄まじい破壊力を秘めたストレ
トキックで、チェイサーを追い詰め

↑トリッキーな跳躍で敵を翻
し、一瞬の隙を衝いて攻撃。

↑全身に漲る超高熱を発揮し、ロイミュードに猛然と飛び掛かっていく。

↑ゼンリンシューターの必殺技・
ートマッハーで敵の体を爆破する

↑ドリルとゼンリンシューターを駆使し
連続攻撃も、得意な戦法の一つであった

デッドヒートマッハのシグナルコウカン

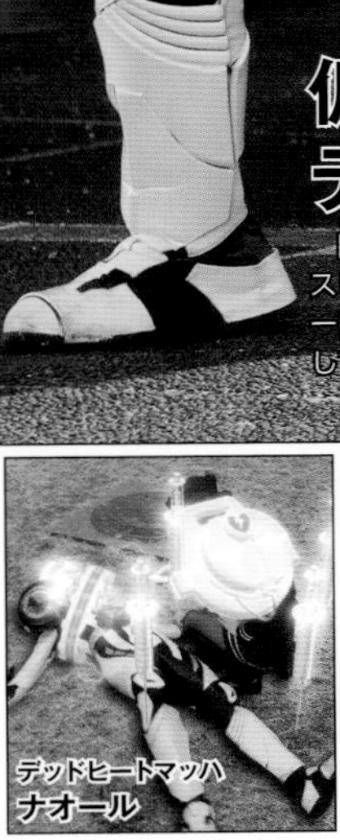

マッハドライバー炎にシフトカーをセットすることで登場する、デッドヒートマッハの強化形態。治癒力や必殺技の破壊力が高まり、万能道具の使用が可能になる。

↑空中回転をした後にロイミュードめがけて突進。その勢
利用し、ゼンリンシューターの強力な一撃を浴びせて倒す。

仮面ライダーチェイサーマッハ

剛がマッハに変身した状態で自身のマッハドライバー炎にシグナルチェイサーを装塡し、変身した特殊強化形態。これまで以上の高速戦闘能力を発揮。

↑ストレートキックで、それまで歯が立たなかった強敵を圧倒した。

↑チェイサーの武器・シンゴウアクスでゴルドドライブを攻撃。

仮面ライダーマッハチェイサー

剛がマッハドライバー炎にシフトライドクロッサーを装塡し、変身。マッハの超スピードとチェイサーのパワーをバランスよく身につけた、理想的な形態。

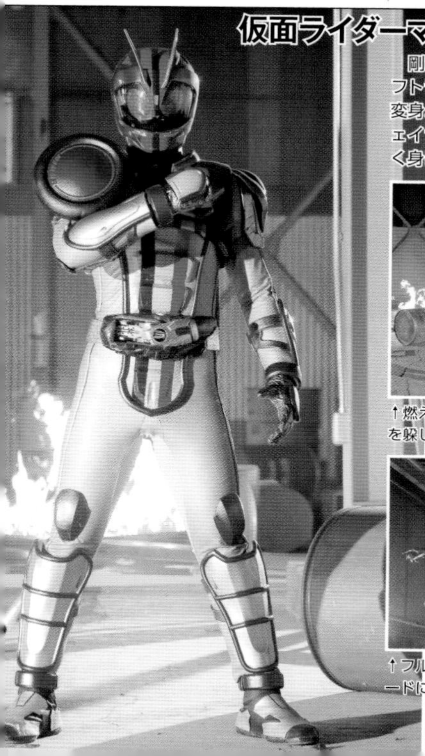

↑燃え盛る業火の中で、敵の攻撃を躱しながら激しい格闘戦を展開。

↑フルスロットル状態でロイミュードに必殺キックを炸裂させる。

主要登場人物

クリム・スタインベルト（出演／クリス・ペプラー）

ドライブの超駆動機関コア・ドライビアを開発した科学者。

ドライブドライバー（声の出演／クリス・ペプラー）

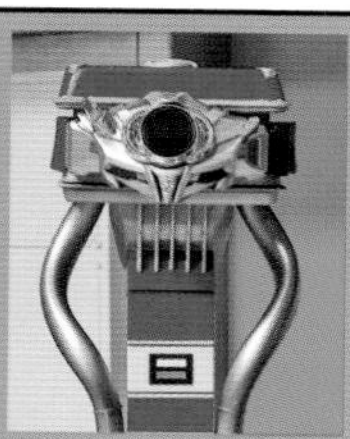

クリム・スタインベルトの意識が転送された、変身ベルト。

詩島霧子（出演／内田理央）

特状課に所属する女性警察官で、進ノ介の相棒的な存在。

沢神りんな（出演／吉井 怜）

特状課の客員で天才電子物理学者。ドライブの武器を開発。

追田現八郎（出演／井俣太良）

警視庁捜査一課警部補で特状課との連絡要員。熱血漢である。

西城 究（出演／浜野謙太）

特状課で情報収集を担当している客員ネットワーク研究家。

早瀬 明（出演／滝口幸広）

進ノ介が特殊班の一員だった頃の相棒。爆発で重傷を負う。

ハーレー・ヘンドリクソン（出演／大月ウルフ）

クリムの恩師でアメリカ在住。マッハのシステムを開発した。

如月仁奈（出演／井坂仁美）（仮面ライダーGIRLS）

久瑠間運転免許試験場の職員で、進ノ介の話し相手だった。

山吹沙月（出演／遠藤三貴）（仮面ライダーGIRLS）

如月仁奈の同僚。仕事や休憩時間なども常に行動を共にする。

古葉信次（出演／柳沢慎吾）

警視庁の参事官。無実の罪の進ノ介を全国指名手配にした。

狩野洸一（出演／上遠野太洸）

チェイスが容姿をコピーした交通機動隊の白バイ隊員。

チェイス

（出演／上遠野太洸）

クリム・スタインベルトが作り出した、機械生命体！

↑ブレイクガンナーの光弾で、敵を確実に倒す。

↑剛から拒絶されながらも悪に立ち向かっていく。

↑マッハドライバー炎で
チェイサーになり、活躍

↑霧子と関わっていくなか、感情のようなものを感じるようになる。

↑剛を窮地から救うため、強敵に対して捨て身の攻撃を敢行した。

↑敵との対決で命を落とすが、剛に「真のダチ」と認められた。

↑エンジェルロイミュードの
色の羽で、人間の感情を得

↑当初はドライブを襲う最大の強敵だったが、やがて共闘。正
の戦士としてロイミュードやゴルドドライブの野望に立ち向か

プロトゼロ

クリムが製作した試作型のロイミュードで、チェイスの真の姿。人類奉仕の基幹プログラムがインストールされている。

悪の手先から人類の味方に戻る！

クリムが作り出した機械生命体で、コピ
元となった狩野洸一の姿を模した人間態に
身。グローバルフリーズの際に霧子を助け
が、魔進チェイサーに改造され、悪の手先
なっていた。その後、自分の使命を思い出
て人間の味方となり、ロイミュードに挑む。

仮面ライダーチェイサー

人類を守る本能に覚醒した、チェイスが変身!

高い戦闘力を発揮する!

機械生命体のチェイス(魔進チェイサー)が人間を守る本能に目覚め、予備のマッハドライバー炎とシグナルチェイサーの力で変身した姿。高い戦闘力を誇る超高速戦士で、多くのロイミュードを撃破していく。

↑敵めがけて放つ急降下キック、チェイサーエンドが必殺技である。

↑ダイナミックな空中回転で敵の光弾攻撃を躱し、素早く反撃に転じる。

↑鋭い切れ味を誇るシンゴウアックスを振り、強烈な斬撃技を繰り出す。

↑体を挟んだ巨大なメカアームをも両腕の怪力でこじ開けて脱出。

↑超スピードでキックを放ち、超進化したロイミュードに対抗した。

↑ライドチェイサーで敵をどこまでも追跡し、確実に粉砕する。

↑専用武器・ブレイクガンナーで、敵の弱点に光弾を炸裂させる。

↑凄まじいまでの攻撃で、ロイミュードを完膚なきまでに破壊。

↑ドライブらに力を貸し、敵の魔手から全力で人類を守った。

仮面ライダープロトドライブ

プロトゼロ(チェイス)が変身した姿。グローバルフリーズの際、ロイミュードを一度は殲滅したが、逆襲を受けて倒れる。

魔進チェイサー

ハートに従わないロイミュードを粛清する〝死神〟！

↑魔進チェイサーの姿でドライブと共闘。敵に挑んだこともあった。

ドライブ最大の強敵だった

敵に改造されたチェイスが、ブレイクガンナーを使用して変身した姿。ハートたちに従わないロイミュードを粛清する使命を担っており、仲間から「死神」と呼ばれる

武装《チューン》チェイサー

武装チェイサースパイダー

武装チェイサーコブラ

↑出現当初はドライブ最大の強敵だったが、次第に自我を取り戻していく。

武装チェイサーバット

魔進チェイサーがバイラルコアの力で右腕に武器を装備し、強化した形態。

↑百発百中の射撃力を誇り、敵の弱点を正確に攻撃することが可能。

↑マッハと同等の運転技を有し、マシン戦を展開

超魔進チェイサー

チェイスが、ブレイクガンナーにライノスーパーバイラルコアを装填し、変身した最強戦士形態。

ゴルドドライブ

バンノドライバーがロイミュードのボディを乗っ取り、変身！

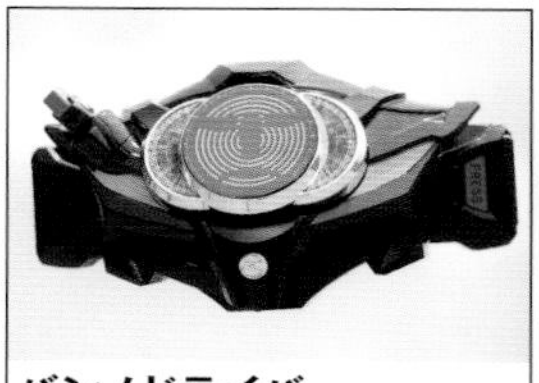

バンノドライバー
（声の出演／森田成一）

　ドライブドライバーをコピーした変身ベルト。蛮野天十郎の意識がインストールされている。

蛮野天十郎
（出演／森田成一）

詩島霧子、剛の父親にしてクリムの親友だった人物。優秀な頭脳の持ち主だが、同時に狂気を孕んでいる。

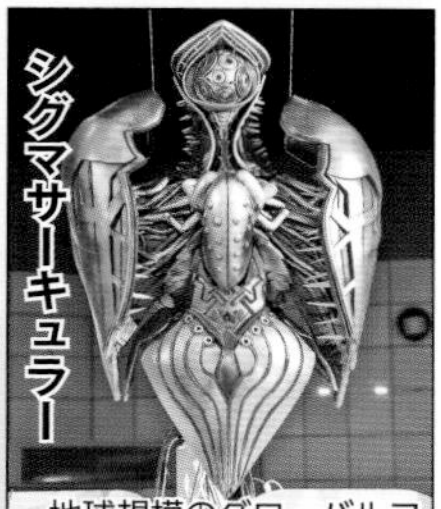

シグマサーキュラー

　地球規模のグローバルフリーズを発生させ、全人類を支配下に置こうとした。

↑シグマサーキュラーを起動、人類のデータ化を画策した。

↑チェイサーたちを遥かに凌ぐ戦闘力・能力を有している。

↑ロイミュード（死神）たちを意のままに操り、敵を襲う。

→己の野心を完結させるため、利用していたロイミュードも容赦なく処分する。

→ドライブたちの武器をデータ化して奪い、自身の戦力にして攻撃してきた。

超進化したロイミュードと同等の戦闘力・能力を有する！

　バンノドライバーがロイミュード006のボディを乗っ取り、変身した姿。ドライブのシステムを利用した高速格闘や、超進化したロイミュードと同等の戦力を活かしたエネルギー波による攻撃を行う。

↑グローバルフリーズの夜、泊 進ノ介は同僚に怪我を負わせてしまう。

↑半年後、ロイミュードによる事件が発生し、進ノ介はドライブに変身。

↑ロイミュードのハートは、再びグローバルフリーズを起こそうとする。

↑進ノ介の前にチェイスこと魔進チェイサーが現れ、襲い掛かってきた。

↑ドライブはシフトカーを変えることで様々な形態に変身し、敵と対決。

↑特状課の協力によってドア銃などの新武器を手に入れ、強力なロイミュードと激戦を繰り広げる。

重加速(どんより)現象下での闘い!

ロイミュードが画策する破壊活動・グローバルフリーズによって人類に危機が訪れる。特状課の刑事、泊進ノ介は仮面ライダードライブに変身。マッハやチェイサーと共闘し、恐るべき野望に立ち向かうのだった。

↑アメリカから来た仮面ライダーマッハが、ドライブの戦列に加わる。

人類VSロイミュード

グローバルフリーズと地球の未来!!

ドライブもタイプフォーミュ
に変身し、強敵を粉砕。

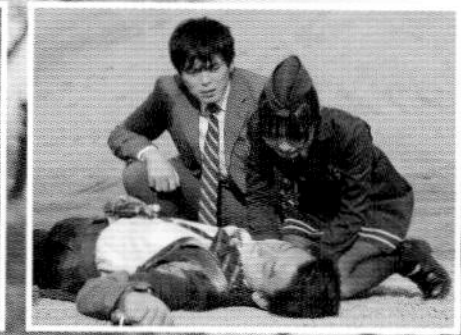
↑フリーズロイミュードの攻撃で、進ノ介は命を落とすが……。

↑新たなシフトカーの力でタイプトライドロンに変身し、復活。

↑一方、ロイミュードたちも次次と超進化態となっていった。

↑ドライブ、マッハ、チェイサーのコンビネーション戦法が炸裂。

↑ハートロイミュード超進化態からの猛攻撃で、ドライブ タイプトライドロンは危機に見舞われる。

ロイミュードに対抗するため、ドライブはタイプデッドヒートに変身するが、魔進チェイサーは手強い。

↑ゴルドドライブが現れ、メディックを利用して暗躍を開始。

↑グローバルフリーズを妨害するため、敵集団に挑むドライブ。

特状課の詩島霧子を救ったチェイスは、本来の自分を取り戻し、仮面ライダーチェイサーとなる。

↑闘いのなか、心を通わせたドライブとハートロイミュードは、共通の敵であったシグマサーキュラーを撃破する。

↑しかし、ハートは進ノ介との決着を望み、激しい闘いの末に息絶える。

↑事件を解決した進ノ介の前に、チェイスそっくりの白バイ隊員が……。

トライド

高性能スー

ドライブピット

特状課の地下に設置された、トライドロンの整備施設及び進ノ介たちの秘密基地。

トライドロン

進ノ介が運転するスーパービークル。通常は車体の左前部がフードで覆われている。

状況に応じて車体を変形させ、活躍！

クリム・スタインベルトが生前に製作した、泊 進ノ介／仮面ライダードライブの専用マシン。ドライブのタイプ変身や戦闘状況に応じて車体を変形させる特殊機能を有している。

↑圧縮合金製の車体は、大爆発の中を走り抜けてもまったく損傷しない。

↑最高時速560㎞で突進し、前方の障害物を破壊して敵を追跡する。

トライドロン タイプワイルド

タイプワイルドが運転するオフロードカー形態。あらゆる悪路を完全走破。

トライドロン タイプテクニック

タイプテクニックが運転する特殊車両形態。大型のメカアームを装備。

ライドブースターレッド

高性能カートマシン。マッハが搭乗し、空中を飛行。

ライドブースターブルー

チェイサーが乗る高性能カートマシン。敵を追跡。

ブースタートライドロン

トライドロン タイプスピードにライドブースターが合体した飛行形態。

ブースタートライドロン タイプワイルド

タイプワイルドにライドブースターが合体。車体を火炎で包み、突進。

トライドロン タイプフルーツ

シフトフルーツの力でトライドロンが変化。ドライブと鎧武が搭乗。

ホバー

宇宙空間での高速飛行が可能で、敵の本拠地・惑星メガヘクスへ突入。

ロン

パーマシン！

トライドロン タイプスピード

ドライブ タイプスピードが運転する形態。左前輪はバリアブルトルクユニットとなっており、各種タイヤを射出し、ドライブの攻撃スタイルを変える。

プロト トライドロン

初代ドライブピットに保管さ
ていたトライドロンの試作車。

オトモ忍 トライドロン

トライドロンシュリケンの力
、トライドロンが人型に変形。

シュリケンジン トライドロン

オトモ忍トライドロンがシュリケンジンと合体し、完成した特殊形態。

ライドマッハー

マッハ専用の戦闘バイク！

物理的負担を軽減！

機動性に優れたマッハ専用の戦闘バイク。オンロードやオフロードでの安定走行をキープし、運転者の物理的負担を軽減する。

↑前部に砲撃装置サドゥンイレイザーを装備。

↑最高時速460㎞で走行し、事件現場に急行。

ライドチェイサー

プロトドライブ用に開発！

機動性に優れる！

プロトドライブ用に開発されたマシンだが、ロイミュードの手で改造され、最終的にはチェイサー専用マシンとなった。

↑変身前のチェイスも運転。敵を追い詰めて射撃。

↑ドライブやマッハとマシン戦を展開したことも。

ライドクロッサー

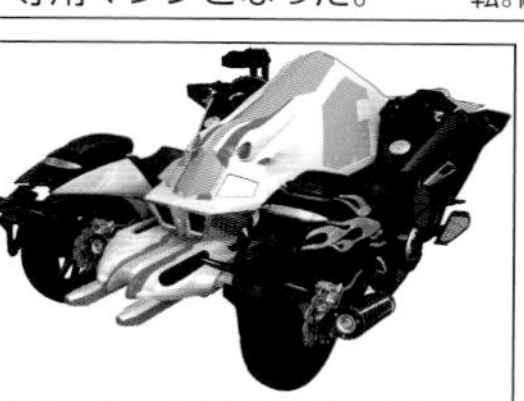

ライドマッハーとライドチェイサーが合体し、完成する特殊戦闘ビークル。

ブースターライドクロッサー

ライドクロッサーの車体左右にライドブースターが合体し、完成する飛行形態。

仮面ライダー純

量産型仮面ライダー！

警視が変身！

本願寺 純が、量産型マッハドライバーと特状課キーの力で変身した、警察官専用の量産型仮面ライダー。特別な資質がなくても変身することが可能。

本願寺 純（出演／片岡鶴太郎）

特状課を纏める課長で、階級は警視。

↑最初の変身では、システムの不備で機能が停止してしまった。

仮面ライダールパン

怪盗が変身する仮面ライダー！

神出鬼没！

ゾルーク東条が、ロイミュードから奪ったデータを元に開発したシステムで、ルパンガンナーを用いて変身。英雄になることが目的であった。

ゾルーク東条（出演／綾部祐二（ピース））

怪盗アルティメットルパンを名乗る。

↑動力源であるコア・ドライビア-Zで重加速現象を打ち消すことができる。

仮面ライダー3号

歴史が改変された世界に出現！

ショッカーが製作！

歴史が改変された世界に登場した、第3の仮面ライダー。ショッカーによって改造されたが、進ノ介の協力で正義の心に目覚める。

黒井響一郎（出演／及川光博）

3号に変身。勝利に対する執着が強い。

↑必殺のライダーパンチで、仮面ライダーV3を撃破した。

トライサイクロン

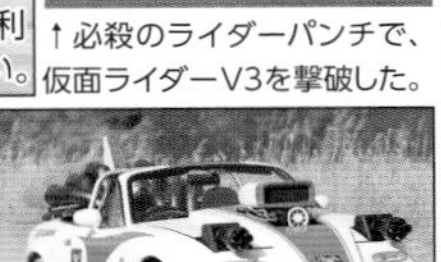

3号専用マシン。機銃やサイクロン電磁ドリルが武器。

ライダーロボ

ショッカーの電子頭が3号を取り込んで変した、巨大な戦闘ロボ

空中戦を得意とする！

ショッカーが製作した第４の仮面ライダー。圧倒的な攻撃力と防御力をもち、飛行服を広げて空中を高速滑空して敵に襲い掛かる。

高所から降下する勢い、敵にキックを放つ。

↑仮面ライダー１号～３号を圧倒する力を発揮。

スカイサイクロン

４号が操縦する高性能戦闘機で、強力なミサイルを装備。

両翼にショッカー戦闘機を合体させることで戦闘力を強化。

↑ドライブに執拗な攻撃を続け、命を奪おうと画策。

仮面ライダー4号

ショッカー第4の強力戦士！

（声の出演／松岡 充）

2035年のロイミュードが変身！

仮面ライダーダークドライブ

タイプネクスト

ダークドライブの基本形態。未来のシフトカー、シフトネクストスペシャルの力をもつ。

ドライブを襲う！

2035年の未来から来たロイミュード108が、未来の進ノ介の息子・エイジから奪ったシステムで変身した姿。遠隔操作による自律稼働も可能である。

泊 エイジ

（出演／真剣佑）

ロイミュード108が変身した偽者。進ノ介の命を狙う。

ネクストライドロン

2035年のスーパービークル。高出力のビーム砲で攻撃する。

↑恐るべき戦闘力でドライブを追い詰め、強烈なキックを放つ。

ロイミュード、怪人

ロイミュードはコアから素体、進化態へと自己学習をしながら増殖強化を遂げていく機械生命体。基礎理論は蛮野天十郎によって研究され、クリム・スタインベルトがコアを完成させた。重加速現象を発生させる力をもつ。

ハートロイミュード

ロイミュードの幹部であり、108体の仲間たちを指揮する指導者的存在。極めて高い戦闘力を誇り、怒りの感情で内燃機関の力を限界値以上に引き出すことも可能。

ハート（出演／蕨野友也）

ハートロイミュードが変身する人間態。性格は豪放磊落。

仮面ライダーハート

ハートがＡＩドライバーとシフトハートロンで変身する。

超進化態ハートロイミュード

黄金の超光波を発射し、物体を木っ端微塵に粉砕できる。

仮面ライダードライブ タイプスピードワイルドテクニック

ハートが最初に変身したドライブの混合体的な戦士。

ブレンロイミュード

ハートロイミュードの補佐官的存在で、人間社会の情報収集を担当している。怪力の持ち主であり、パンチで敵の強固な装甲をも破壊。また、手からビームや神経性の猛毒を放つ。

ブレン（出演／松島庄汰）

ブレンロイミュードが変身する人間態。

超進化態ブレンロイミュード

強烈なエネルギー波で敵を爆発させる。

仮面ライダーブレン

ブレンが黒いドライブドライバーで変身。999の毒素を駆使する。

ライドブレイザー

ブレン専用のスーパーマシン。突進攻撃を敢行

メディックロイミュード

ロイミュードの強化や改造、修復を行う能力を有しており、バイラルコア状態の仲間を復活させる。体から伸ばす触手の先端に多機能ブレードを装備。

メディック（出演／馬場ふみか）

メディックロイミュードが変身する人間態。

超進化態メディックロイミュード

仲間の修復、改造能力が大幅に強化。

↑高い戦闘力を備えており、光のエネルギーを纏った触手で敵を捕らえ、強く締めつけて倒す。

素体

体内の動力源を高稼働させて重加速現象を引き起こす。また、人間の欲求や欲望を学習し、進化態になる。

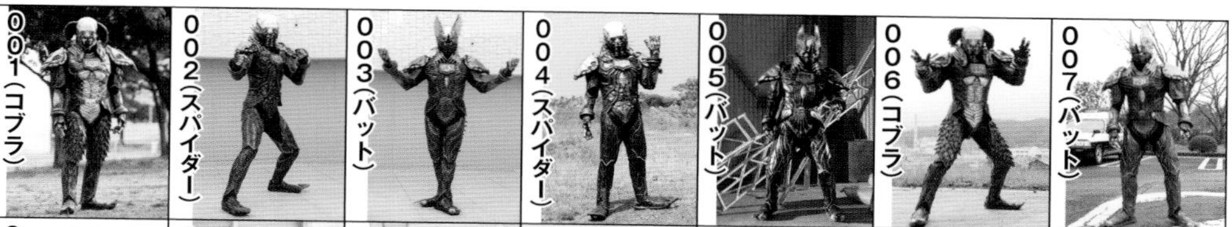

27は掲載不可。

063（コブラ） 064（スパイダー） 065（コブラ） 066（バット） 067（コブラ） 068（バット） 069（バット） 069（暴走態）

070（死神） 071（バット） 072（バット） 073（コブラ） 074（コブラ） 074（暴走態） 075（死神） 076（バット）

077（バット） 078（スパイダー） 079（スパイダー） 080（死神） 081（死神） 082（コブラ） 083（死神） 084（スパイダー）

085（コブラ） 086（コブラ） 087（バット） 088（バット） 089（スパイダー） 090（コブラ） 092（死神） 093（スパイダー）

094（死神） 095（バット） 096（バット） 096（バット） 097（スパイダー） 098（バット） 099（スパイダー） 100（コブラ）

101（死神） 102（スパイダー） 103（バット） 104（死神） 105（死神） 106（バット） 107（バット） 108（スパイダー）

5886 未来型（スパイダー） 未来型（コブラ） 未来型（バット）

アイアンロイミュード

理想の肉体を求めたロイミュードが、様々な人間の体から優れた部分をコピーして進化変身した姿。

益田信夫（出演／横山真史）

澤井伊代（出演／麻亜里）

ペイントロイミュード

人間の体をデータ状に分解し、キャンバスに保存する。絵の具状の液体で敵を攻撃。

浅矢一広（出演／ルー大柴）

クラッシュロイミュード

破壊を好み、輸送トラックを無差別に破壊。両腕のハンマーで敵の体を粉々に打ち砕く。

クラッシュ（出演／安田大サーカス）

※091は本編未登

スクーパーロイミュード
建物を透視撮影し、内部の鉄骨などを消してしまう。

ボルトロイミュード
電力吸収装置を作成し、街中の電気を奪い去った。
ボルト（出演／あご勇）

ボルトゴースト
ボルトの残留プログラムが電気を吸収して復活。
美波護郎

サイバロイドボディZZZ《スリーゼット》
クリムが製作した強化ロイミュード。高威力の光弾を放つ。

ZZZ《スリーゼット》メガヘクス
メガヘクスが、サイバロイドボディZZZの残骸で進化。

メガヘクスバット
ZZZメガヘクスの大群が合体。高出力エネルギーを放つ。

ガンマンロイミュード
人間に重加速伝達バンドを販売する。射撃戦で敵を倒す。
ガンマン

ボイスロイミュード
特殊な音波で女性に幻覚を見せ、財産を奪おうとする。
甘城秀
笹木喜三郎

ジャッジロイミュード
人間の復讐代行が目的。腕部から有線電極を発射。
橘真伍

秘密結社ショッカー
世界の歴史を改変させ、支配しようと企てる、悪の大組織。

ブラック将軍
ショッカーの大幹部の一人。人間を強制的に服従させる。

ヒルカメレオン
ブラック将軍が変身した怪人。保護色で周囲の景色と同化。

チーターカタツムリ
チーターとカタツムリの合体怪人。高速移動で攻撃。

ショッカーライダー
ショッカーに敗れた仮面ライダーたちが、洗脳された姿。

妖怪ブルブル
ロイミュード089が封印の手裏剣とバイラルコアで製作した。
ディー博士

ショッカーブルブル
ロイミュード089自身が封印の手裏剣で変身。

アリマンモス
アリとマンモスの合体怪人。鋭い牙と長い鼻で敵を攻撃。

ショッカー首領
乾 巧の“生”に対する強い思いから誕生した、悪の存在。

スネークオルフェノク
巧の暴走を止めようとする怪人。強い格闘力を発揮する。

高速で物体を撃つ力で、連続予告爆破事件を実行した。

ソードロイミュード
戦闘で攻撃力を向上させる。エネルギー斬撃を飛ばす。
多賀始

シーカーロイミュード
人間の負の感情を増幅する力をもつ。杖で敵を叩く。
西堀令子

オープンロイミュード
特殊な鍵で銀行強盗を行う。バール状の腕で敵を襲う。
根岸逸郎

フリーズロイミュード
人間に氷の針を放ち、記憶を書き換える。吹雪を起こす。
真影壮一

フリーズロイミュード超進化態
高エネルギーの破壊光線を発射し、一度はドライブを倒した。

シーフロイミュード
盗んだ物品を体内の異空間に隠す能力を備えている。
仁良光秀

ロイミュードを超進化させるための特製ソースを改良する。

パラドックスロイミュード
現在と未来のロイミュードが融合し、超絶進化を遂げた強化態。

トルネードロイミュード
突風で敵の動きを封じ、右腕のドリル状の武器で攻撃する。
ジョージ白鐘

エンジェルロイミュード
黄金の羽・フェザーキットでロイミュードに感情を与える。
羽佐間翔子

リベンジャーロイミュード
ロイミュード005が、犯罪者の復讐心や人間の恐怖心で進化した姿。

歴代怪人軍団
謎の組織・無に所属する怪人たちで、様々な悪の組織から選抜。大蜘蛛大首領がリーダー格。

2015年（平成27年）10月4日～2016年（平成28年）9月25日放映

仮面ライダーゴースト

KAMEN RIDER GHOST

命、燃やすぜ!!

制作スタッフ
原作／石ノ森章太郎　スーパーバイザー／小野寺 章
（石森プロ）チーフプロデューサー／佐々木 基（テレ
ビ朝日）プロデューサー／高橋一浩（東映）・菅野あゆ
み（テレビ朝日）プロデューサー補／小高史織・安
東健太（東映）プロデュース協力／大森敬仁　脚本
／福田卓郎・毛利亘宏・長谷川圭一　監督／諸田 敏・
山口恭平・柴﨑貴行・鈴村展弘・渡辺勝也・坂本浩一・
田﨑竜太・金田 治（ジャパンアクションエンタープライズ）
撮監督／佛田 洋（特撮研究所）アクション監督／宮崎 剛（ジャパ
アクションエンタープライズ）　音楽／坂部 剛　撮影／倉田幸治
植竹篤史・百瀬修司・松村文雄　照明／佐々木康雄・斗沢 秀・
田文彦・水本富男・五十嵐武志　視覚効果／日本映像クリエイテ
ブ　美術／大嶋修一　小道具／東京美工　装置／紀和美建　メ
ク／サンメイク　衣裳／東京衣裳　助監督／上堀内佳寿也・大
靖弘・亀原宏誠・浦 弘之・齊藤崇浩・塩川純平・原澤那由多・
谷和行・石黒裕章・福田和弘　編集／須永弘志・金田昌吉　MA
曽我 薫　選曲／金成謙二　音響効果／大野義彦　キャラクター
ザイン／田嶋秀樹・ＰＬＥＸ　怪人デザイン／島本和彦とビッ
バンプロジェクト　造型／ブレンドマスター　特撮コーディネ
ター／中根伸治　特撮スーパーバイザー／足立 亨・捻橋尚文
インプロデューサー／道木広志・下前明弘　制作／テレビ朝日
東映・ＡＤＫ

天空寺タケル

（出演／西銘 駿）

肉体の消滅と引き換えに仮面ライダーとして復活！

↑槍眼魔と刀眼魔に襲われて絶命。自身を蘇らせようとする。

↑父と同じく、一流のゴーストハンターになることを夢見た。

↑変身前でも、専用武器のガンガンセイバーを使いこなす。

↑闘いの中、眼魔にも優しい心をもつ者がいることを認識。

↑99日間のタイムリミット内にゴースト眼魂を集めようとした。

→身体能力が高く、突発的な事案にも柔軟に対応できる。

↑大天空寺の仲間たちと共に「不可思議現象研究所」を立ち上げ、怪事件に挑む。

天空寺 龍

（出演／西村和彦）

大天空寺の先代住職で、タケルの父。眼魔から人類を守ろうとしたが、闘いに敗れて息絶える。

↑ゴーストではあるが、眼魔からの攻撃を受けると負傷し、痛みも感じる。

↑幼馴染みのカノンを全力で救い、深海マコトの頑なな心を和らげた。

眼魔の襲撃で一度、命を落とす！

由緒ある寺院「大天空寺」の跡取り。突如出現した眼魔の攻撃によって命を落とすが、仙人の協力で肉体の消滅と引き換えに仮面ライダーゴーストとして復活を果たし、眼魔界から人類を守り抜く。

ゴースト眼魂《アイコン》

目玉型のユニット。ライダーや歴史上の英雄、偉人の魂が込められており、使用者に戦闘力・特殊能力を授ける。

仮面ライダーゴースト

ゴーストパーカーを装着し、形態を強化する〝英雄〟！

素体

ゴーストパーカーを纏っていない状態。戦闘力はなく、この姿では闘わない。

↑身軽な動きで眼魔の攻撃を躱し、仮に弾丸が直撃しても闘いを止めない。

↑変身が完了した際、顔や体のラインが光った後に頭部のフードを外す。

↑必殺キック・オメガドライブ オレを繰り出し、眼魔を粉砕。

↑優れた跳躍力を発揮して空中へ飛翔。敵への攻撃を開始する。

←ガンガンセイバー ナギナタモードを勢いよく振り上げ、眼魔を斬る。

←眼魔が放った光弾による爆発にも怯まず、果敢に突撃戦法を仕掛ける。

オレ魂

ゴーストの基本形態で、パワーバランスに優れており、変幻自在な攻撃を得意としている。剣を使用した戦闘が得意。

常人には視認できない、特殊な存在！

天空寺タケルが、ゴーストドライバーとゴースト眼魂《アイコン》を用いて変身した姿で、人類を襲う異世界の敵・眼魔に敢然と立ち向かう。常人には視認できない存在であり、空中を自在に浮遊し、物体もすり抜けてしまう。

ムサシ魂

剣豪の力を身につけた形態。二刀流戦法で眼魔を次々と斬り倒す。

エジソン魂

射撃戦を得意とし、眼魔の攻撃で発生した電気を吸収する能力をもつ。

ロビン魂

アローモードを用いた射撃戦、ステルス攻撃、分身攻撃で眼魔と対決。

ニュートン魂

両手に球状グローブを装備し、右腕で斥力、左手で引力を操って攻撃。

ビリー・ザ・キッド魂

ガンガンセイバーとバットクロッを使用した射撃で眼魔を撃破する。

ベートーベン魂

指揮者のように指を振ることで特殊な振動波を発生させ、眼魔に放射。

ベンケイ魂

全身のパワーが強化された形態で、巨大なハンマーを用いた戦法が得意。

テンカトウイツ魂

ゴースト、スペクター、ネクロムの武器を駆使して闘う、派生形態。

ゴエモン魂(オレベース)

オレ魂がゴエモンゴーストを纏った形態。強烈な斬撃戦法を繰り出す。

リョウマ魂(オレベース)

オレ魂がリョウマゴーストを纏った形態。激しい銃撃戦で眼魔を撃破。

ヒミコ魂(オレベース)

オレ魂がヒミコゴーストを纏った形態。剣の一撃で敵の体を両断する。

エグゼイド魂

エグゼイドから託された眼魂で変身。アクロバット戦法を繰り広げる。

ドライブ魂

ドライブの力を纏った形態。ハンドル剣で高速戦闘を展開し、敵に止めを刺す。

鎧武魂

鎧武の力を纏った形態。大橙丸と無頼キックの破壊力で強敵に立ち向かう。

ウィザード魂

ウィザードの力を纏った形態。魔法や炎を用いた攻撃を得意とし、敵を攻撃。

1号魂

仮面ライダー1号の力を纏った形態。オメガドライブライダーキックを放つ。

平成魂

クウガからドライブまでの平成仮面ライダーの戦闘力・能力を身につけた特殊形態。

闘魂ブースト魂

闘魂ブーストゴースト眼《アイ》魂《コン》で変身した形態。全身に漲る膨大な熱エネルギーで戦闘力を強化し、サングラスラッシャーを振るう。

↑炎の力を活かした武器や必殺技を繰り出し、多くの眼魔を一撃のもとに倒してしまう。

↑サングラスラッシャーの
身に熱エネルギーを集中さ
切断力や破壊力を高める。

↑多くの眼魔から同時攻撃を受けても、互角に闘える力を有する。

ゴエモン魂

ソードモードを逆手に持ち、身軽な動きで眼魔を斬り倒す。

ヒミコ魂

攻撃予知のほか､浄
化の炎で眼魔に操ら
れた人を元に戻せる

リョウマ魂

ソードモードとブラスターモードを使いこなし､敵を粉砕。

ダーウィン魂

自身の肉体を粒子化して眼魔に挑み、必殺技で止めを刺す。

闘魂ムサシ魂

サングラスラッシ
ャーとガンガンセイ
バーを同時に振るう

闘魂ロビン魂

アローモードから強力な光の矢を連射し､敵の集団を倒す。

闘魂ベートーベン魂

強化された振動波を音楽にのせて放ち、眼魔の体を爆破する。

闘魂ビリー・ザ・キッド魂

ガンガンセイバー
とバットクロックを
使った射撃戦を展開

闘魂ベンケイ魂

ハンマーモードの一撃で、あらゆる物体を完全に打ち砕く。

闘魂フーディーニ魂

背中から取り外したユニットで、空中を自由自在に飛行。

トウサン魂

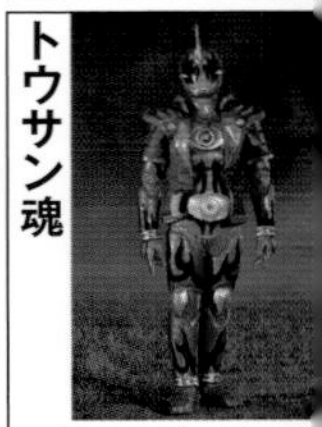

5つのゴースト眼
魂と天空寺 龍の魂が
融合した眼魂で変身

グレイトフル魂

ゴースト、スペクター、ネクロムがもつ15のゴースト眼魂の戦闘力・能力が発揮できる形態。英雄ゴーストも召喚できる。

↑ガンマイザーからの干渉を受けると、活動不能になる弱点をもつ。

↑無敵のパワーを発揮し、眼魔に襲われたアランを救い出した。

↑召喚した英雄ゴーストと力を合わせて眼魔の集団と対決。短時間の戦闘で撃破する。

↑自身の「感情」を攻撃に活かし、眼魔と闘うことが特徴と言える。

↑素早く飛翔して敵の死角に回り込み、最も有効な攻撃を仕掛ける。

ムゲン魂

一度は消滅したタケルが仲間の呼びかけで復活。ムゲンゴースト眼魂で変身した最強形態。全身を発光粒子状にし、眼魔と対決。

↑突き出した剣から強烈なパワーを放ち、眼魔を遠方へと吹き飛ばしてしまう。

深海マコト

（出演／山本涼介）

眼魔世界から帰ってきた男！

↑10年前、妹とともどもモノリスにできた穴に吸い込まれてしまい、眼魔世界で成長した。

↑妹を心から愛しており、彼女を蘇らせるために眼魔の手先となっていた。

↑眼魔との激しい闘いのなか、幾度も窮地に立たされるが、全力で挑んでいく。

↑眼魔世界ではアランと協力関係を築いてきたが、対立。戦力として利用される。

↑タケルの協力で、眼魔世界のジャベルに攫われたカノンを救出。改めて友情を確信する。

妹の命を復活させることが目的！

タケルの幼馴染み。命を失った妹・カノンを復活させるために人間世界で暗躍し、仮面ライダースペクターの力を使ってゴースト眼魂《アイコン》を集めていたが、やがてタケルらの仲間となり、眼魔と対決。

仮面ライダースペクター」

ゴーストを上回る戦闘力を有する!

容赦ない攻撃で敵を粉砕していく!

深海マコトが変身する戦士の基本形態。多くの戦闘経験を積んでおり、ゴーストを上回る戦闘力を発揮。キックやパンチ、マシン戦法で敵を倒す。

素体

スペクターがゴーストパーカーを纏っていない姿。戦闘力はない。

↑当初、妹のためにゴーストが所有するゴースト眼魂を狙い、襲い掛かってきた。

→ゴーストと同じく、変身直後に顔と体のラインが発光し、エネルギーを充填する。

↑必殺技・オメガドライブスペクターで、眼魔コマンドや眼魔スペリオルを撃滅。

↑大爆発の中を素早く走り抜け、眼魔に対して最も有効な攻撃を開始する。

↑空中から落下する勢いでパンチの破壊力を高め、眼魔の弱点に炸裂させる。

↑ガンガンハンドのロッドモードで、眼魔ウルティマを叩きのめす。

ノブナガ魂

ガンガンハンド 銃モードを使用した射撃で遠方の敵を倒す。敵の武器をコピー。

ツタンカーメン魂

鎌モードに変形させたガンガンハンドで敵を斬り裂き、エネルギー弾も発射。

フーディーニ魂

飛行ユニットを装着して行う空中戦と、鎖で敵を拘束する戦法を得意とする。

エジソン魂

ゴーストから奪ったエジソンゴースト眼魂で変身。電気攻撃で敵を苦しめる。

フォーゼ魂

フォーゼの力を纏った形態。右腕のロケットモジュールで敵に打撃技を放つ。

ダブル魂

W《ダブル》の力を纏った形態。風のように素早く動き、メタルシャフトとキックで攻撃。

オーズ魂

オーズの力を纏った形態。メダジャリバーとトラクローを使用して闘う。

ネクロムスペクター

マコトの意思とは関係なく、強制的に変身させられた姿。ゴーストに襲い掛かる。

仮面ライダーディープスペクター

スペクターの強化形態。深淵の力によってガンマイザーと互角に渡り合えるパワーを発揮し、専用武器・ディープスラッシャーを使用して立ち向かう。

ディープスラッシャーから
り出される斬撃で、敵の周
に大爆発を発生させる。

↑凄まじい戦闘力を発揮できるが、ガンマイザーに干渉されるという弱点をもっていた。

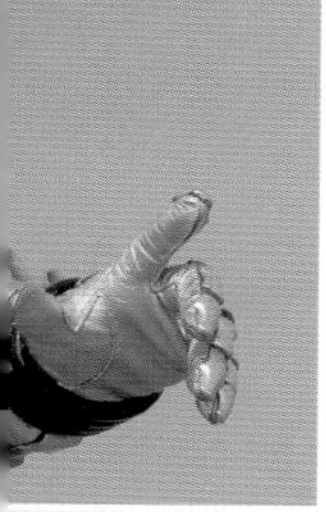

↑強烈な空中キックで、ガンマイザー・マグネティックブレードの進撃を食い止める。

コピーマコトが変身したディー
スペクターと長い激戦を展開。

最終的にはコピーマコトと共闘
敵の野望に立ち向かっていく。

エジソン魂

ディープスペクターがエジソンゴーストを纏った形態。銃撃戦が得意。

ツタンカーメン魂

ディープスペクターがツタンカーメンゴーストを纏った形態。鎌で攻撃。

ノブナガ魂

ディープスペクターがノブナガゴーストを纏った形態。遠方の敵を倒す。

仮面ライダーシンスペクター

スペクターの最強形態。ガンガンハンドとディープスラッシャーを使用し、超スピード攻撃を展開する。ダントンが変身したエヴォリュードと対決した。

↑自身の罪を背負ったマコトが、シンスペクターゴースト眼魂で変身。

↑空中から敵に襲い掛かり、弱点に強烈な急降下キックを打ち込む。

↑一進一退の攻防を繰り広げた末、満身の力を込めた攻撃でダントンを粉砕する。

仮面ライダーゼロスペクター

マコトの父、深海大悟が変身！

深海大悟

（出演／沢村一樹）

マコトとカノンの父。アルゴスを教え導こうとしていた。

↑ダーウィン眼魂を探すスペクターと、親子ながらも対決した。

↑眼魔世界でダークゴーストと激突。凄まじい戦闘力を見せる。

ダーウィン眼魂を守る！

深海大悟が変身した姿。アルゴスからダーウィン眼魂を守り、密かに活動していた。

アラン

（出演／磯村勇斗）

眼魔世界の大帝・アドニスの三男！

タケルらと共闘する！

眼魔世界を統治する大帝・アドニスの三男。美しい世界を守るという信念を抱き、人間世界の支配者になろうとしていたが、人間の心に触れたことで優しさを取り戻し、眼魔と闘うことを決意する。

→人間世界での暗躍時はラフな服装だったが、眼魔世界の軍服を着用するようになる。

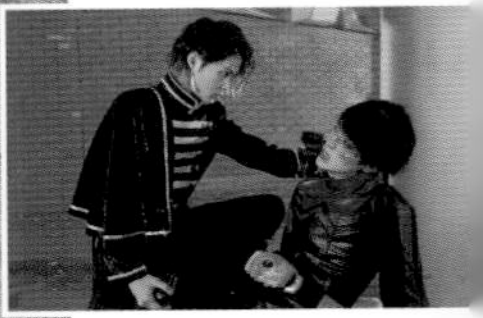

→マコトをネクロムスペクターに強制変身させ、ゴーストを撃破しようと画策。

→眼魔の追撃で傷を負いながらも、カノンと食べるタコ焼きで力を取り戻し、再び敵に挑む。

↑フミ婆と呼ばれる老人との交流で、アランの冷たい感情は徐々に消えていった。

↑仮面ライダーネクロムの
を使い、人間世界と眼魔世
の平和を守ることを決意。

↑アデルによって罠に掛けられて眼魔世界を追われ、部下だったジャベルに狙われる。

↑闘いに敗れ、自信を失っ
が、修練の場でサル、ブタ
カッパと特訓し、弱さを克

↑タケルやマコトと力を合わせ、眼魔世界から襲い来る強敵を迎え撃つ。

↑闘いで空中高く飛
されても、すぐに体
を整えて反撃を開始

仮面ライダーネクロム

眼魔世界の尖兵から人類の味方へと転身

サンゾウ魂

背中のゴコウリンを取り外して飛び乗り、空中を高速飛行。敵に突撃していく。

グリム魂

両肩に装備したコード付きのペン先を飛ばし、遠方にいる敵の体を貫いて倒す。

サル、ブタ、カッパ

サンゾウ魂が召喚した３体の従者。アランに試練を与えた。

↑ゴースト、スペクターの２人と同時に闘い、ねじ伏せるほどの力を身につけている。

↑両手にガンガンハンドとガンガンキャッチャーを構え、連続発射することもできる。

↑腕の怪力でスペクターを軽軽と持ち上げ、一気に遠方へと投げ飛ばしてしまう。

↑ジャベルが変身した眼魔スペリオルと激突し、激しい闘いの末に後退させた。

素体

ネクロムがゴーストパーカーを纏っていない状態。戦闘力はない。

凄まじい怪力を発揮!

アランが変身する戦士の基本形態。当初は眼魔世界の尖兵としてゴーストたちと対決したが、兄の策略で危機に陥ったところをタケルに救われ、人類の味方となった。

友情バースト魂

ネクロムの超強化形態。強い友情で結ばれたマコトの目を覚まさせるため、攻撃を仕掛けた。

パーカーゴースト

15個のゴースト眼魂《アイコン》に封印された英雄や偉人の魂が実体化したもので、自らの意思で活動。普段はパーカーとして登場するが、黒一色の人型がパーカーを着た姿でゴーストたちと共闘し、眼魔に立ち向かうこともあった。

ムサシゴースト

タケルが所有していた「刀の鍔」が変化したゴースト。強力な剣技で敵を斬り倒す。

↑10年前に召喚された際は、宮本武蔵に似た状態で登場。

エジソンゴースト

「電球」が変化したゴースト。タケルに眼魔世界に行くために必要なヒントを与えた。

ロビンゴースト

豪邸から盗み出された「弓矢」が変化したゴースト。「正義は一つとは限らない」が信条。

ニュートンゴースト

ニュートンゴースト眼魂に宿るゴーストで、出自不明。ヒミコゴーストが苦手らしい。

ビリー・ザ・キッドゴースト

深海カノン（出演／工藤美桜）

ウエスタンショップに置かれていた「帽子」が変化したゴースト。気性が荒い。

カノンに憑依し腕利きの女性ガンマンとして活躍。

ベートーベンゴースト

月村アカリ（出演／大沢ひかる）

「楽譜」が変化したゴースト。イゴールの曲を打ち消す曲を奏でてタケルに協力。

月村アカリに憑依し、タケルと行動を共にした。

ベンケイゴースト

「扇子」が変化したゴースト。ガンガンセイバー ハンマーモードで眼魔に闘いを挑む。

ゴエモンゴースト

御成（出演／柳喬之）

ゴエモンゴースト眼魂に宿るゴーストで、出自不明。剣の攻撃を得意としている。

ゴースト眼魂を拾った御成に憑依。大見得を切る。

リョウマゴースト

田村長正（出演／二宮

リョウマゴースト眼魂に宿るゴーストで、出自不明。大志を抱いているらしい。

リョウマゴーストが憑依。人工衛星を研究していた

ヒミコゴースト

日野美和子（出演／恒吉梨絵）

ヒミコゴースト眼魂に宿るゴーストで、出自不明。予知能力を駆使して協力。

ヒミコゴーストが憑依。「卑弥呼研究会」の副会長。

ツタンカーメンゴースト

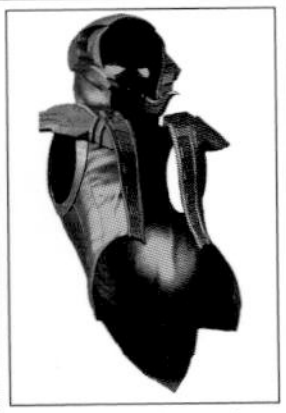

ツタンカーメンゴースト眼魂に宿るゴーストで、出自不明。時間を逆行させる力をもつ。

ノブナガゴースト

千石コーポレーションの社長が持っていた「書状」が変化したゴースト。高い戦闘力を誇

フーディーニゴースト

フーディーニゴースト眼魂に宿るゴーストで、出自不明。我が強く協力を拒む。

白井ユキ（出演／小宮有紗）

女子高生に憑依し、チェーンで眼魔と対決した。

グリムゴースト

グリムゴースト眼魂に宿るゴースト兄弟で、出自不明。２人で本来の力を発揮。

片桐ユウイチ（出演／野仲イサオ）

グリムゴーストが憑依した大学教授。子供に戻った。

サンゾウゴースト

サンゾウゴースト眼魂に宿るゴーストで、出自不明。アランを修練の場に落とす。

ホナミ（出演／奥仲麻琴）

サンゾウゴーストが憑依。アイドルチームの一員。

出演／唐橋充、平田裕香、阿見201（デコボコ団）、小松直樹（ほか）

英雄の村の偉人たち

眼魂島で暮らす、英雄や偉人のゴースト。ここではパーカーゴーストではなく、人間の姿で活動していた。

仮面ライダーのパーカーゴースト

ゴースト、スペクター、ネクロムが身に纏うパーカーゴーストだが、英雄や偉人たちの魂ではなく、本人や仲間の魂が実体化したもの。

オレゴースト

タケルの魂がパーカーゴーストになったもの。タケルにオレ魂の力を与える。

闘魂ブーストゴースト

タケルを闘魂ブースト魂に変身させるパーカーゴースト。父の魂と言われる。

ムゲンゴースト

タケルをムゲン魂に変身させるパーカーゴースト。奇跡の力で誕生した。

スペクターゴースト

マコトをスペクターに変身させるパーカーゴースト。その詳細は不明のまま。

ディープスペクターゴースト

マコトが強い意志で説得したパーカーゴースト。ディープスペクターに変身させる。

ネクロムゴースト

アランをネクロムに変身させるパーカーゴースト。眼魂から誕生した。

ゴーストガジェット

タケルたちの活動をサポートする可変アイテムで自律機能をもち、ガジェットモードからアニマルモードに変形。また、ガンガンセイバーなどに合体させ、より強力な派生形態の武器を誕生させることもできる。

→ガジェットモード

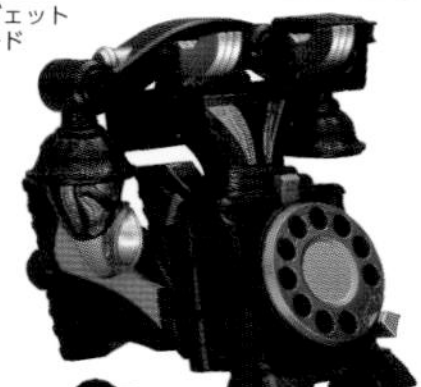

↓アニマルモード

コンドルデンワー

ダイヤルタイプの電話からコンドル型に変形。ガンガンセイバーと合体し、アローモードを誕生させる。

↓ガジェットモード

↓アニマルモード

↓ガンモード

バットクロック

時計からコウモリ型、更には銃にも変形可能。ガンガンセイバーと合体すると、ライフルモードが完成。

←ガジェットモード

←アニマルモード

クモランタン

ランタンからクモ型になって特殊な糸を噴射。ガンガンセイバーと合体し、ハンマーモードを誕生させる。

↓ガジェットモード

↓アニマルモード

コブラケータイ

携帯電話からコブラ型に変形する、スペクター専用のガジェット。ガンガンハンドを鎌モードに変形させる。

甦ったヒーロー

15の眼魂《アイコン》を集めつつ、人間世界を守り抜く!!

目的を求めた対立！そして、人の結束!!

互いの目的のために対立する人間と眼魔。そのために犠牲もはらったが、最終的には愛と友情で、それぞれを認め合うようになる。

↑天空寺タケルは18歳の誕生日、突如、眼魔に襲われて命を落とす。

←死後の世界らしき場所で仙人と出会い、仮面ライダーゴーストの力を託される。

↑復活したタケルは、ゴーストとなって２体の眼魔を撃破した。

↑眼魔との対決を終えたゴーストの前に、謎の戦士・仮面ライダースペクターが出現し、攻撃を仕掛けてくる。

←スペクターの正体は、タケルの幼馴染み・深海マコトだったが、彼は妹・カノンのために眼魔に力を貸していた。

←タケルの活躍で妹が復活し、マコト／スペクターは人類の味方に。ゴーストと力を合わせ、眼魔スペリオルに挑む。

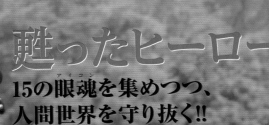

↑ゴーストは新たに手に入れた闘魂ブースト魂の力で、強敵・ジャベルを撃破。

↑眼魔世界のアランが仮面ライダーネクロムに変身し、スペクターを攻撃した。

↑マコトは、アランによってネクロムスペクターにされ、眼魔世界の兵士となる。

↑ゴーストを襲うネクロムスペクター。タケルはかつてない危機を迎えた。

↑兄の罠にかかって眼魔世界を追われ、仲間に襲われるアランをゴーストが救う。

↑眼魔世界へ向かったタケルの前で、アランの父・大帝アドニスが凶弾に倒れる。

→眼魔世界から人間世界に戻ったマコトが、ディープスペクターに変身。強敵のガンマイザー・ファイヤーを粉砕した。

↑ゴースト、スペクター、ネクロムの3大ライダーが共闘。眼魔との激戦に挑む。

↑ガンマイザーの攻撃で一度は消滅したタケルが、仲間の想いで復活。ムゲン魂となり、活躍するようになる。

↑コピーマコトがスペクターに変身。本物に襲いかかる。

↑眼魂に引き込まれたタケルが、ムサシと真剣勝負を展開する。

↑ガンマイザーがグレートアイの力でグレートアイザーに変身。

↑ゴーストはグレートアイザーと激戦を繰り広げ、勝利を得る。

↑グレートアイの力で、タケルはついに人間として復活。仲間たちからの祝福を受け、眼魔世界との闘いを終えるのだった。

マシンゴーストライカー

タケルのオートバイがスーパーマシンに変化！

自律行動が可能な万能車両

ゴーストドライバーから照射されるエネルギーの影響で、タケルのオートバイが変化した状態。自律行動が可能であり、ユルセンの指示や自己判断でゴーストの元へ駆けつける。

↑高いジャンプ性能を誇り、敵の光弾やミサイルも全て回避できる。

↑前部の角・ストライカーホーンで、ゴーストの位置や半径10km以内の眼魔を捕捉する。

↑高い登坂機能を誇り、傾斜がある草原なども素早く駆け上る。また、悪路も完全走破。

↑素早いアクセルターンで方向転換し、敵を追跡。前輪で敵を撥ね飛ばすことも可能。

↑スペクターが運転するマシンフーディーと壮絶なマシン戦を展開。

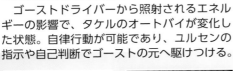

ゴーストをサポート
る幽霊船型の飛行ユ
ットで、自律行動も
能。船首にセイリン
キャノンを装備。

マシンゴーストライ
ーとキャプテンゴー
トが合体した、イグ
ナ型の巨大ユニット。
大眼魔と対決する。

高熱火炎を浴びても車体
破損しない。また、ウイ
ー走行で突進を仕掛ける。

マシンフーディー

高速戦闘性能を有するスペクター専用車両！

↑スペクターの運転技術で、ゴーストとデッドヒートを繰り広げた。

ゴーストとマシン戦を展開！

スペクター専用の高性能バイクで、車体に巻かれた鎖を使用し、敵を攻撃することも可能。優れた高速戦闘性能を有している。

↑眼魔の攻撃による大爆発を素早く走り抜け、危険を回避する。

↑オンロードタイプの車両だが、長い石段を駆け上ることも可能。

飛行ユニット

マシンフーディーが変形。サーフボードにのるような形でスペクターが搭乗し、空中を飛ぶ。

主要登場人物

御成（出演／柳 喬之）

大天空寺の住職代理を務める若き僧侶で、名は山ノ内御成。

月村アカリ（出演／大沢ひかる）

柳坂理科大学で物理学を専攻する理系女子。タケルの協力者。

シブヤ（出演／溝口琢矢）

大天空寺の修行僧で、名は八王子シブヤ。気のいい好青年。

ナリタ（出演／勧修寺玲旺）

シブヤと共に大天空寺で修行をしている青年。クールな性格。

小野寺 靖（出演／佐野泰臣）

大天空寺近辺を担当する郵便局員で、タケルたちに手紙を配達。

福嶋フミ（フミ婆）（出演／大方斐紗子）

タコ焼き屋「フーミン」を経営。65年前にアランと出会った。

福嶋ハルミ（出演／日置かや）

フミ婆の孫娘。祖母の遺志を引き継ぎ、「フーミン」を営む。

ダークネクロムR《レッド》

アルゴス親衛隊の戦士！

グループを指揮！

ジェレドが変身。ネクロムの命を奪うため、執拗に攻撃を仕掛けてきた。

ジェレド（出演／八十島弘之〔2700〕）

アルゴス親衛隊の１人。英雄の村を襲った。

ベンケイ魂

英雄の村で弁慶を倒し、入手したベンケイゴースト眼魂《アイコン》で変身。

ダークネクロムB《ブルー》

剣の技を得意とする！

素早く敵を襲う！

ジェビルが変身。ダークゴーストの命令を忠実に実行し、敵に襲い掛かる。

ジェビル（出演／ツネ〔2700〕）

アルゴス親衛隊の１人。タケルたちを狙う。

ビリー・ザ・キッド魂

ビリー・ザ・キッドゴースト眼魂で変身。射撃で敵を追い詰める。

ダークネクロムY《イエロー》

激しい戦闘を行う！

狡猾な敵！

ジェイが変身。気性が荒く、激しい闘いを好んで行う、強力な女性戦士。

ジェイ（出演／高山侑子）

アルゴス親衛隊の１人。敵を恐れない。

ノブナガ魂

ノブナガゴースト眼魂で変身。ガンガンハンドで遠方の敵を倒す。

仮面ライダーダークゴースト

タケルを襲う悪の戦士！

アルゴス（出演／木村了）

大帝アドニスの長男。自身を復活させるためにも、眼魂を必要としていた。

眼魔世界のアルゴスが変身！

アルゴスが変身する強敵で、闘魂ブースト魂に匹敵する戦闘力をもつ。ゴーストと同様の武器を使用し、敵を襲う。

ナポレオン魂

ナポレオンゴースト眼魂で変身。必殺技・オメガドライブナポレオンを決める。

ピタゴラス魂

ピタゴラスゴースト眼魂で変身。三角形状のエネルギー波を連射し、敵を倒す。

一休魂

一休ゴースト眼魂で変身。座禅を組んだ状態で空中を浮遊し、攻撃を仕掛ける。

仮面ライダーエクストリーマー

究極の眼魂で変身する強敵！

強大な力を発揮！

恐ろしいまでの破壊力を身につけた最強の敵。パーカーを開き、無数の眼魂を発射して敵の体を破壊する。

アルゴス（出演／木村 了）

究極の眼魂で、エクストリーマーに変身。

↑ディープスペクターとネクロムの同時攻撃にも怯まず、襲い掛かってきた。

トランセンデンスウィング

全身を覆うパーカーを翼のように展開した状態。驚異的な飛行能力と攻撃力を発揮できる。

仮面ライダー1号

本郷 猛の新たなる姿！

戦闘力を大幅に強化！

本郷 猛が変身する、仮面ライダー1号の新たなる姿。全身を強固な外装で覆い、戦闘力や身体能力、超能力が大幅に強化されている。ノバショッカーの魔手から世界の平和を守り抜いた。

本郷 猛（出演／藤岡 弘、）

改造人間にされた悲しみを乗り越え、悪の組織と闘い続ける英雄。

↑必殺技・ライダーキックの一撃で、多くの強敵を粉砕する。

ネオサイクロン号

サイクロン号の最終形態。高い戦闘力を備え、1号の活躍をサポート。

仙人
タケルを復活させた人物！
（出演／竹中直人）

正体は、眼魔世界の長官！

絶命したタケルを復活させるため、ゴーストドライバーを授けた謎の人物。「仙人」を自称していたが、その正体は眼魔世界の長官・イーディスであった。

↑タケルたちの協力者であり、眼魔世界の秘密や眼魂誕生の経緯を語った。

イーディス長官

（出演／竹中直人）

眼魔世界の重要人物であり、眼《アイ》魂《コン》システムを構築した天才科学者。

↑眼魔世界の修正を願っており、15種のゴースト眼魂を必要としていた。

眼魔ウルティマ・エボニー
イーディスが変身！

↑イーディスの護身用で、装甲の耐久性を中心に強化を施した。

↑運動速度が高く設定されており、ガンマイザーと互角に闘う。

掌からエネルギー波を発射する！

イーディスが眼魔眼魂で変身。眼魔ウルティマと同等の力を備え、掌からエネルギー波を発射。

仮面ライダーダークゴースト
イーディス第2の変身！

↑意外にも戦闘力は低く、眼魔スペリオルにも負けてしまう。

↑ユルセンと共に隠密行動を取り、タケルたちをサポートした。

戦闘力は高くない！

眼魔世界へのゲートを開くため、イーディスが変身した仮面ライダー。

ユルセン

大きな目玉型の頭部が特徴的な使い魔で、正体は仙人が飼っていた猫。タケルに武器の使用法などを伝授。

西園寺主税《ちから》

（出演／綱島…）

元はモノリスの研究をしていた考古学者だが、グレートアイの存在を知り、私欲で眼魂を集める。

深海カノン

（出演／工藤美桜）

↑アランに対して愛情を感じており、支えようとする。

幼い頃、兄のマコトと共に眼魔世界へ引き込まれて命を落としたが、タケルの活躍で新たな体を得て復活を遂げた少女。

深海カノン

（出演／工藤美桜）

マコトの真の妹！

↑敵に捕らわれるが、それを撥ね除けるほどの戦闘力を身につけていた。

↑ゴーストドライバーとカノンスペクターゴースト眼魂で戦士の姿になる。

↑兄のマコト（究極の生命体・リヨン）のために、全力で敵に立ち向かう。

仮面ライダーに変身！

深海マコトの妹が成長した姿。自身の分身とも言えるコピーカノンをダントン派の残党から守ろうとする。

スペシャルなゴースト！

仮面ライダーカノンスペクター

スピード戦闘を得意とする！

深海カノンが変身した姿で、素早さを活かした体術やアランから伝授された格闘技が得意。必殺技はオメガドライブ スペクター。

↑兄のシンスペクターと協力し、眼魔ウルティマ・エボニーに挑む。

↑強烈な後ろ蹴りを敵の胸部にヒットさせ、後方へと弾き飛ばす。

↑恐るべき力を秘めた強化ウルティマにも、果敢に攻撃を仕掛けた。

眼魔世界の住人

人間世界から遥か彼方に存在する異世界に生きる者。眼魂《アイコン》システムによって「住人が永遠に生きられる世界」を構築したが、異変が発生。システムを維持するための生命エネルギーを求めて、人間世界への侵略を開始した。

アドニス（出演／勝野洋）

眼魔世界の大帝！

↑大帝として眼魔世界を支配するが、心に迷いが生じ、息子のアデルに倒された。

眼魔世界を完璧なものにした！

アランたちの父で、イーディスと共に眼魔世界を完璧なものにした人物。グレートアイと意思を繋ぐことができる唯一の存在らしい。

アリア（出演／かでなれおん）

アドニスの長女！

↑ダークネクロムPになり2体のガンマイザーに挑むが、危機に陥ってしまう。

弟の暴走を食い止める！

大帝一家の長女で、アランの理解者。高貴で気高いタイプの女性だが、優しい性格でもあり、深海兄妹のことを常に気にかけていた。

アリシア（出演／かでなれおん）

アドニスの妻！

優しい妻で母！

アドニスの妻。夫や子供たちと眼魔世界に移住したが、赤い空間の影響で健康を害し、絶命する。

アルゴス（出演／木村了）

絶命した長男！

究極の眼魂を狙う！

大帝一家の長男。既に命を落としており、全人類のゴースト化を目論む。

ダークネクロムP《ピンク》

アリアが変身したヒロイン！

2体のガンマイザーと対決！

アリアが、ダークネクロムPゴースト眼魂とプロトメガウルオウダーで変身した姿。優れた戦闘力・能力を発揮して弟・アデルの暴走を止めようとする。

↑ガンマイザー・プラネット、ガンマイザー・クライメットと激戦を展開。

↑健闘を見せたが、敵の強大なパワーには敵わず、敗れてしまった。

アデル（出演／真山明大）

アドニスの次男！

↑完璧主義者で、自身の大義を妨害する者は、誰であろうと容赦なく排除する。

人間世界への侵略を画策！

大帝一家の次男。幼少の頃からアドニスが語る完全な世界を信じていたが、その父の命を奪い、理想を求めて地球侵略を推し進めた。

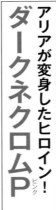

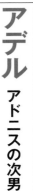

ジャベル

（出演／聡太郎）

眼魔世界の幹部の1人！

↑ウルティマで敗北した後は、生身の体で単独行動を取り、アランと闘う。

アランの忠実な部下だった！

眼魔世界の幹部の1人。アランの忠実な部下として活動し、彼の障害となる者を排除するが、その反面、アデルの命令で眼魂の秘密を隠していた。

イゴール

（出演／山本浩司）

冥術学を研究する、幹部！

↑ふざけた態度だが卑劣かつ冷酷な性格で、目的に反する者を抹殺する。

完璧な世界を望んでいる！

眼魔世界の科学・冥術学を研究している幹部で、自身を唯一無二の頭脳と豪語。完璧な世界を望み、統合と調和のために不確定な要素の排除を画策。

ジャイロ

（出演／高岩成二）

アランの戦闘訓練を担当！

↑アランに再教育を施すため、２体の眼魔スペリオルを従え、攻撃を開始。

“危険な男”と呼ばれる人物！

眼魔世界におけるアランの戦闘訓練を担当した教官で、幹部の１人。かなりの手練れであり、仲間からも「危険な男」と恐れられていた。

スティーブ・ビルズ

（出演／セイン・カミュ）

ディープコネクト社の社長！

↑人間とインターネットを繋ぐシステムを開発していたが、悪用される。

イゴールに利用される！

世界的なＩＴ企業・ディープコネクト社の経営者。眼魂に体を乗っ取られ、イゴールが悪用しようとする「デミアプロジェクト」を推し進めた。

コピーマコト

（出演／山本涼介）

マコトの抹殺が目的！

コピーマコトが変身した、仮面ライダースペクター

本物のスペクターと同等の戦闘力を誇り、武器の性能も変わらない。

感情が芽生える！

眼魔世界が誕生させた深海マコトのコピー。その目的は本体の抹殺だったが、感情が変化。眼魔の攻撃からカノンを守るようになっていく。

フレイ、フレイヤ　グレートアイの化身！

フレイ（出演／小川 涼／2役）

フレイヤ（出演／小川 涼／2役）

人間の無限の可能性を唱える！

グレートアイの化身である男性と女性。タケルの前に現れ、自身を「世界を救う鍵」と言い放つが、最後は宇宙へと飛び去る。

眼魔、ガンマイザー、怪人

眼魔は、眼魔アサルトのボディに様々な遺物や物体に宿る魂が融合して誕生する、眼魔世界の怪人。ガンマイザーは眼魔世界を護る15体の守護神で、グレートアイへの接触を防ぐためにイーディスが製作した。

眼魔コマンド

眼魔眼魂《アイコン》がエネルギーを解放して変化。短剣で集団攻撃を行う。

眼魔アサルト

物体やエネルギーを取り込み、自身を怪人態に変身させることが特徴。

槍眼魔

眼魔アサルトが槍と融合。鋭利で強靭な槍を振り回し、物体を切断。

刀眼魔

眼魔アサルトが日本刀と融合。腕に装備した刀で斬撃技を繰り出す

電気眼魔

眼魔アサルトと電波受信装置が融合。両腕から強烈な電撃を放射する。

巨大電気眼魔

電気眼魔がエジソンゴーストの力を取り込み、巨大化。ビームを放つ。

斧眼魔

眼魔アサルトが斧と融合。手にもった斧や胸部の巨大な刃で敵を斬る。

ブック眼魔

眼魔アサルトが古書と融合。分体を生み出して敵を惑わし、攻撃

マシンガン眼魔

眼魔アサルトとハットが融合。右腕のマシンガンから弾丸を高速連射。

音符眼魔

眼魔アサルトとスカーフが融合。不協和音にのせたエネルギーを放つ。

インセクト眼魔

眼魔アサルトと虫眼鏡が融合。小型インセクト眼魔に分裂して攻撃。

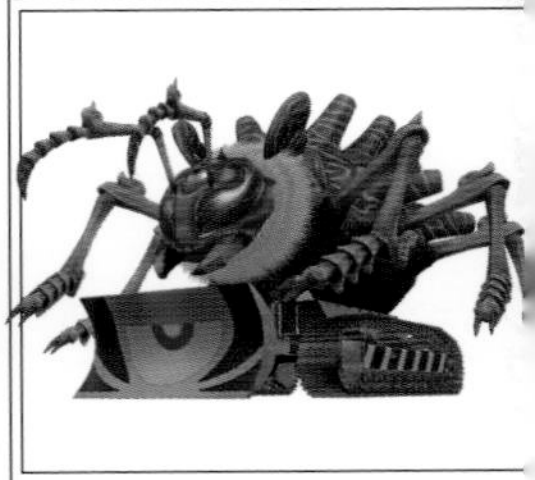

巨大インセクト眼魔

インセクト眼魔が建設資材と融し、巨大化。空中から敵を襲う。

青竜刀眼魔

眼魔アサルトと青竜刀が融合。専用の魔偃月で強烈な斬撃技を決める。

眼魔スペリオル

眼魔世界の幹部クラスが変身。高い格闘能力とエネルギー波が戦力。

ダヴィンチ眼魔

ダヴィンチ眼魂が眼魔スペリオルの体を利用して変身。竜巻を起こす。

ラファエロ眼魔

ラファエロ眼魂が眼魔スペリオの体を利用して変身。光弾を撃つ

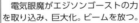

ミケランジェロ眼魔

ミケランジェロ眼魂が眼魔スペリオルの体を利用して変身。蛇を操る。

ルネッサンス眼魔

ダヴィンチ眼魔がミケランジェロ眼魔とラファエロ眼魔を融合した姿。

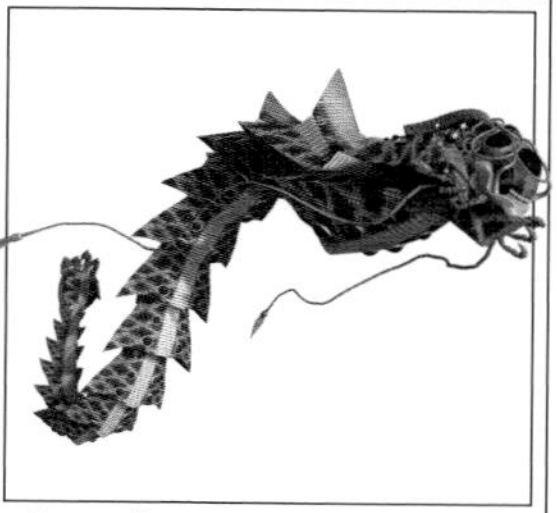

グンダリ

眼魔世界から召喚された巨大怪物。超高熱のエネルギーフレアを噴射。

プラネット眼魔

眼魔アサルトと宇宙服のヘルメットが融合。特殊な電波で人魂を奪う。

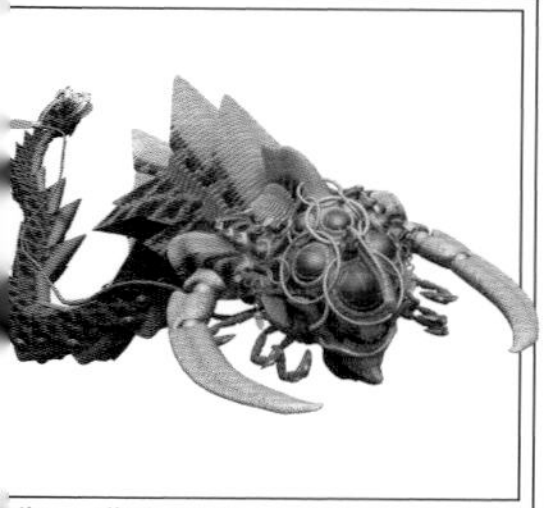

グンダリ(ジャベル融合態)

眼魔スペリオルとグンダリが融合。尾の先に装着されたクローが武器。

ナイフ眼魔

眼魔アサルトとハサミが融合。2本の大型刃で超斬撃技を繰り出す。

眼魔スペリオル・パーフェクト

イゴールが変身。プロトメガウルオウダーで眼魂の力を引き出す。

眼魔スペリオル・ナイフ

イゴールがナイフ眼魔に眼魔チェンジした姿。2本の大型刃を振るう。

眼魔スペリオル・マシンガン

イゴールがマシンガン眼魔に眼魔チェンジした姿。右腕にマシンガンを装備。

画材眼魔

眼魔アサルトと画材が融合。闘いよりも絵を描くことを好む。

人間態

(演/内山仁頤)

生身の画材眼魔。温厚で平和を願っている。

眼魔スペリオル・青竜刀

イゴールが青竜刀眼魔に眼魔チェンジした姿。魔偃月で頑強な物体も斬り裂く。

甲冑眼魔

眼魔アサルトと西洋風の長剣が融合。騎士道精神をもち、卑怯な闘いを嫌う。

眼魔ウルティマ

眼魔世界の幹部が専用の眼魔眼魂で変身。掌から火球やエネルギー波を放つ。

眼魔フレ

眼魔ウルティマが、眼魔世界から転送された力の影響で進化。炎を自在に操る。

ノバショッカー

ショッカーの一員だったウルガたちが中心となり、結成した悪の組織。経済を乱して日本政府を脅迫し、最終的には世界征服を狙う。

ウルガ(怪人態)

ハイエナの戦闘力・能力をもつ怪人。高い運動能力を発揮し、鋭い牙と爪を利用した連続アタックをくりだす。

ウルガ

(演/阿部力)

新組織・ノバショッカーのリーダー格。ウルガに変身する。

ウルガアレクサンダー

ウルガが強化変身した姿だが、アレクサンダー眼魂に意思を支配されている。

イーグラ

（出演／長澤奈央）

蜂女系統の改造人間らしいが怪人態には変身しなかった。鋭いサーベルが武器。

バッファル（怪人態）

コンドルの戦闘力・能力をもった怪人。高速格闘能力と空中飛行能力をもつ。

バッファル

（出演／武田幸三）

ノバショッカー3幹部の1人。バッファルに変身して闘う。

ノバショッカー戦闘員

ノバショッカーに所属する戦闘員。仲間との連携を活かした集団攻撃が得意。

秘密結社ショッカー

復活した地獄大使に指揮される、悪の秘密結社。ノバショッカーに対抗し、世界征服を目論む。

地獄大使

（出演／大杉漣）

仮面ライダー1号との闘いに敗れ、一度は命を失うが、アレクサンダー眼魂《アイコン》の力で復活した。

↑ガラガラ蛇の怪人に変身。強烈な鞭の一撃で敵を打ちのめし、命を奪う。

毒トカゲ男

ショッカーに所属する毒トカゲの怪人。口から毒液を放射し、敵に浴びせる。

シオマネキング

ショッカーに所属するシオマネキの怪人。左手の大型鋏で敵の体を斬り倒す。

ガニコウモル

カニとコウモリの合体怪人。ノバショッカーのスパイとして暗躍していた。

ショッカー戦闘員

長年、地獄大使の亡骸を守っていた兵士。大幹部や怪人に忠誠を誓っている。

ヤマアラシロイド

地下帝国バダンが改造したヤマアラシ怪人だが、ショッカーの一員となった。

ザンジオー

ショッカーに所属するサンショウウオの怪人。怪力を活かした突進で敵を襲う。

飛行機眼魔・弟

眼魔アサルトとゴーグルが融合。空中を飛行し、指先から光弾を連射してくる。

飛行機眼魔・兄

ゴーストに倒された弟の作戦を引き継ぎ、特殊粒子の大量散布を成功させた。

眼魔スペリオル・ブック

イゴールがブック眼魔に眼魔チェンジした姿。分身体で敵の目を惑わして攻撃。

ガンマイザー・ファイヤー

（出演／真山明大）

炎の力をもつガンマイザーの戦闘形態。全身を炎に変えて敵に突進攻撃を行う。

眼魔スペリオル・斧

イゴールが斧眼魔に眼魔チェンジした姿。バリアを張り、敵の攻撃を跳ね返す。

ガンマイザー・リキッド

（出演／真山明大）

水の力をもつガンマイザーの戦闘形態。高圧の水流を放って物体を破壊する。

眼魔スペリオル・グリム

イゴールが、グリムゴースト眼魂でゴーストチェンジ。人間に幻影を見せる。

ガンマイザー！ウィンド

（出演／真山明大）

風の力をもつガンマイザーの戦闘形態。体の周囲に風の防壁を作り、身を守る。

飛行機眼魔・パーフェクト

両肩の翼と頭部のプロペラで姿勢バランスが最適化され、高い飛行性能を発揮。

パーフェクト・ガンマイザー

↑通常は頭部の花弁を閉じており、戦闘時には大きく開く。

アデルがガンマイザーと融合。触手とエネルギー波で敵を襲う。

ガンマイザー！プラネット

（出演／真山明大）

地の力をもつガンマイザーの戦闘形態。土や岩を自在に操る能力を有している。

ガンマイザー！クライメット

（出演／真山明大）

空の力をもつガンマイザーの戦闘形態。エネルギーの雲から雷や氷の塊を放つ。

合体ガンマイザー（ガンマイザー・マグネティックブレード）

ガンマイザーのマグネティックとブレードが融合。体に刃物を装備し、磁力を操る。

ガンマイザー・アロー

（出演／真山明大）

弓の力をもつガンマイザーの戦闘形態。高い貫通力を秘めた光の矢を放つ。

ガンマイザー・ライフル

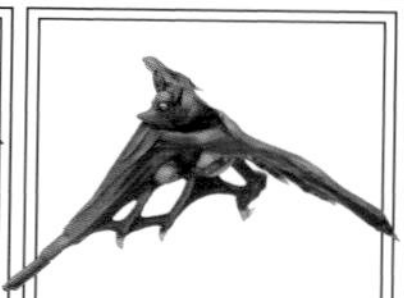

（出演／真山明大）

銃の力をもつガンマイザーの戦闘形態。強い爆発力を秘めた特殊弾を連射する。

ガンマイザー！スピアー

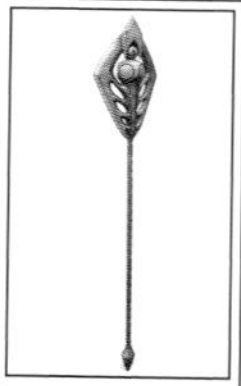

（出演／真山明大）

槍の力をもつガンマイザーの戦闘形態で、鋭利な穂先と伸縮自在な柄が特徴。

ガンマイザー！ハンマー

（出演／真山明大）

ハンマーの力をもつガンマイザーの戦闘形態。接触した物体に衝撃を与える。

眼魔スペリオル・音符

イゴールが音符眼魔に眼魔チェンジした姿。半径60m以内に流れる音を消す。

ガンマイザー！ブレード

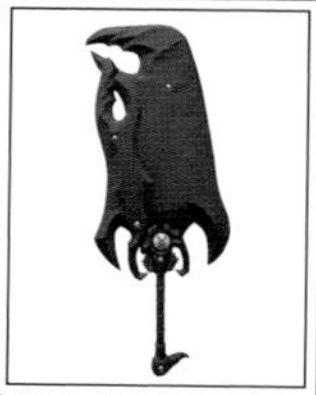

（出演／真山明大）

剣の力をもつガンマイザーの戦闘形態。鋭利な刃を備えた２本の剣に分離。

ガンマイザー！マグネティック

（出演／真山明大）

磁力の力をもつガンマイザーの戦闘形態。金属物体を引き寄せる。

ガンマイザー！エレクトリック

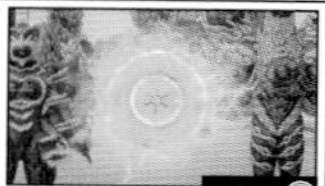

（出演／真山明大）

電気の力をもつガンマイザーの戦闘形態。強烈な放電攻撃を行う。

ガンマイザー！グラビティ

（出演／真山明大）

重力の力をもつガンマイザーの戦闘形態。空間の重力を自在に操り、敵を攻撃。

グレートアイザー

ガンマイザーが体内にグレートアイを吸収した。世界を意のままに作り変える。

ガンマイザー！オシレーション

（出演／真山明大）

振動の力をもつガンマイザーの戦闘形態。超音波や衝撃波を放射。

ガンマイザー！タイム

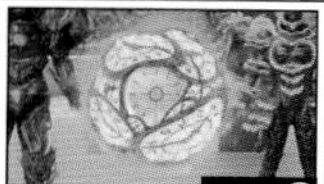

（出演／真山明大）

時間の力をもつガンマイザーの戦闘形態。時間操作能力を有する。

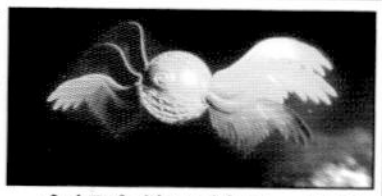

全知全能の神で、眼魔世界のパワーの根源。正体は宇宙生命体であった。

アイザー

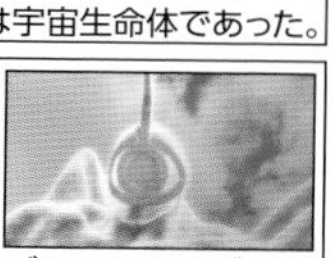

グレートアイザーが作り出した巨人。人間を粒子化して取り込む。

エヴォリュード

高速移動能力や再生能力、テレポート能力を発揮し、シンスペクターと激戦を展開した強力怪人。

ダントン

（出演／ジェームス小野田（米米CLUB））

エヴォリュードに変身する怪人物で、肉体改造の研究者。

クロエ

（出演／マーシュ彩）

ダントンが作った人間で冷凍睡眠から復活。

ロペス

（出演／北代高士）

マラー

（出演／桜田航成）

カミーユ

（出演／輝海）

ダントン派の残党。コピーカノンや深海マコトを狙う。

強化ウルティマ

眼魔ウルティマ・エボニーが５体のコピーカノンを吸収して変身。長剣が武器。

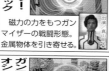

ノーコンティニューで運命を変えろ!!

制作スタッフ

原作／石ノ森章太郎　スーパーバイザー／小野寺 章（石森プロ）　チーフプロデュース／佐々木 基（テレビ朝日）　プロデュース／大森敬仁（東映）・菅野あゆみ（テレビ朝日）　プロデューサー補／谷中寿成・安東健太（東映）　脚本／高橋悠也　監督／中澤祥次郎・坂本浩一・山口恭平・諸田 敏・上堀内佳寿也・田村直己（テレビ朝日）　特撮監督／佛田 洋（特撮研究所）　アクション監督／宮崎 剛（ジャパンアクションエンタープライズ）　音楽／ ats-, 清水武仁 & 渡辺 徹　撮影／倉田幸治・岩田 憲・宮崎悟郎・植竹篤史　照明／斗沢 秀・西田文彦・佐々木康雄　視覚効果／日本映像クリエイティブ　美術／大嶋修一　小道具／東京美工　装置／紀和美建　メイク／サンメイク　衣裳／東京衣裳　助監督／塩川純平・石井千晶・齊藤崇浩・茶谷和行・川畑友生・大峯靖弘・浦 弘之・山本良平・福田和弘・清水賢一・小波津 靖・米倉祐依・座安雄暉　編集／佐藤 連　MA／曽我 薫　選曲／金成謙二　音響効果／大野義彦　キャラクターデザイン／田嶋秀樹・ＰＬＥＸ　クリーチャーデザイン／寺田克也・篠原 保　造型／ブレンドマスター　特撮コーディネーター／中根伸治　特撮スーパーバイザー／足立 亨・捻橋尚文　ラインプロデューサー／下前明弘・道木広志　制作／テレビ朝日・東映・ＡＤＫ

仮面ライダーエグゼイド
KAMEN RIDER EX-AID

2016年（平成28年）10月2日～2017年（平成29年）8月27日放映

宝生永《え》夢《む》

（出演／飯島寛騎）

聖都大学附属病院の若き研修医！

↑入院中の子供たちとゲームを楽しむが、つい勤務を忘れてしまう。

「天才ゲーマーM」の異名をもつ、ゲームの達人！

聖都大学附属病院に勤務している研修医で、小児科、外科、内科などで実習を続けながらＣＲ（電脳救命センター）でゲーム病の治療に従事する青年。一方で「天才ゲーマーM」の異名をもつゲームの達人でもあった。

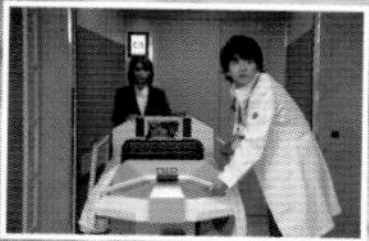

↑病院地下にあるＣＲ（電脳救命センター）で、ゲーム病患者に適切な処置を施す。

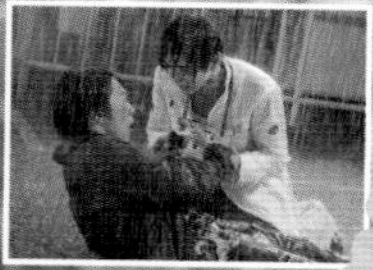

↑瀕死状態の九条貴利矢から、ゲーマドライバーを託される。

↑ライダー同士での対立もあったが、最終的には共闘し、ラスボスのゲムデウスバグスターに挑んだ。

↑「友人が欲しい」という永夢の感情から生み出されたパラドとは、後に和解して名コンビとなる。

↑己の欲望のままに暴れ、友人の命を奪ったゲンムとは幾度も激突。

↑強敵の風魔と対決するため、幻夢ＶＲの力で仮想空間に突入する。

↑バグスターとして復活した九条と敵対したが、真意を伝えられる。

↑レーザーとコンビを組み、バグスターが発生させる怪事件に挑戦。

ライダーガシャット

仮面ライダーたちが変身やベルアップ、必殺技発動の
に使用するアイテム。

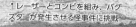

仮面ライダーエグゼイド

格闘術や可変武器でバグスターと対決！

アクションゲーマー LV1

アクションゲーマーの第1形態。分離オペでバグスターウイルスに感染した人を救う

↑クリスマスにはサンタクロース姿で登場。敵と格闘戦を展開した

↑優れた跳躍力を発揮し、空中をジャンプしながら多数の敵を粉砕する。

↑レーザーとのコンビネーションでバグスターと激戦を繰り広げた。

↑ガシャコンブレイカー ブレードモーから繰り出される必殺技で強敵を粉砕

↑目的を達成するため、時には仮面イダー同士で対決することもあった。

アクションゲーマー LV2《レベルツー》

ゲーム病患者から分離・実体化したバグスターと闘う、アクションゲーマーの第2形態。ガシャコンブレイカーを使用した高速戦闘を得意としている。

↑ガシャコンブレイカー ハンマーモードの一撃で、敵の戦意を奪い取る。

↑ガシャコンキースラッシャー ガンードで、遠方の敵を正確に狙い撃つ

ノーコンティニューでクリア！

宝生永夢が、ゲーマドライバーとマイティアクションXガシャットを用いて変身した姿。高い戦闘力を誇り、格闘術や専用の可変武器を駆使して敵との闘いをノーコンティニューでクリアしていく。

↑他の仮面ライダーと心を一つに合せ、最終・最強の敵に攻撃を仕掛け

ロボットアクションゲーマーLV3

ゲキトツロボッツガシャットでエグゼイドがレベルアップした姿。上半身に強化装甲を装備。

↑左腕のゲキトツスマッシャーから繰り出される強烈なパンチで、敵を撃破する。

スポーツアクションゲーマーLV3

シャカリキスポーツガシャットでレベルアップした姿。両肩のトリックフライホイールが武器。

→スピーディーな攻撃で敵を圧倒し、弱点めがけてキックやパンチを炸裂させる。

バーガーアクションゲーマーLV4

ジュージューバーガーガシャットでレベルアップ。腕から放つビームで敵の攻撃を食材に変える。

↑足裏に装備したインラインスケートで高速走行し、敵に突進攻撃を仕掛ける。

ハンターアクションゲーマーLV5（フルドラゴン）

ドラゴナイトハンターZガシャットでレベルアップした姿。全身に鎧や電磁キャノンなどの武器を装備。

↑強大な戦闘力で敵に猛攻撃を浴びせ、短時間で勝負を決める。

ハンターアクションゲーマーLV5（ドラゴンファング）

頭部に装着したドラゴンの口から火炎を放射し、鋭い牙でバグスターの体を噛み砕いて止めを刺す。

→ドラゴナイトハンターZガシャットで変身した仲間たちを指揮し、敵を攻撃。

ドライブゲーマーLV2

永夢がフルスロットルドライブガシャットで変身。ハンドル剣の機能を最大限に活かし、敵を倒す。

↑仮面ライダードライブの戦闘力・能力を身につけている。キック力も強烈。

鎧武ゲーマーLV2

永夢が刀剣伝ガイムガシャットで変身。大橙丸とガシャコンブレイカーで敵に二刀流攻撃を決める。

↑素早い剣さばきで敵の攻撃を受け止め、頑強な装甲をも斬り裂く。

ゴーストゲーマー LV1

カイガンゴーストガシャットで変身する、仮面ライダーゴーストの力を得た戦士の第1形態。

ゴーストゲーマーLV2

ＬＶ１からレベルアップした姿。ゴーストのパワーとスピードを活かし、バグスターを追い詰める。

↑敵の弱点を素早く発見し、キックを放ってパワーをダウンさせる。

パックアクションゲーマー

パックアドベンチャーガシャットでレベルアップした姿。両腕の巨大アームでパンチを打つ。

ダブルアクションゲーマーLVXX《ダブルエックス》R

ＬＶＸから分離した形態の1体。天才ゲーマーの意思をもち、敵との闘いに勝つことを最大の目的としている。

→激しい攻撃スタイルが特徴で、敵を倒すまでは攻撃が止まらない。

↑素早く跳躍し、上空から敵に急降下攻撃を仕掛ける。

↑ガシャコンキースラッシャーを勢いよく振り回し、敵を追い込んでいく。

ダブルアクションゲーマーLVX《テン》

永夢がマイティブラザーズＸＸ《ダブルエックス》ガシャットで変身した強化戦士の第１形態。高い戦闘力を発揮し、敵に敢然と挑む。

ダブルアクションゲーマーLVXX《ダブルエックス》L

↑戦闘中にも敵の力を冷静に分析し、最も有効な攻撃を考案して闘う。

↑ＬＶＸＸＲと息の合ったコンビネーション攻撃を繰り広げ、敵を撃破。

→スポーツアクションゲーマーの自転車を使い、敵とマシン戦を展開。

ＬＶＸから分離した形態の1体。医師としての感情が強く、人命救助を最優先に考えながら行動することが特徴。

マキシマムゲーマー ＬＶ99

マキシマムマイティＸガシャットの力で頑丈な装甲を装着した巨大戦士形態。バグスターの体内データをリプログラミング（初期化）する。

↑巨大な両腕から繰り出されるパンチで、強敵をも遠方へと弾き飛ばしてしまう。

↑ＬＶ２と分離後の装甲部分だけでも自律行動し、敵に攻撃できる。

↑凄まじいまでの怪力でガシャコンキースラッシャーを振り下ろし、敵を圧倒。

↑パワフルボディを駆使してバグスターを攻撃。一瞬のうちに止めを刺す。

ムテキゲーマー

マキシマムマイティＸガシャットとハイパームテキガシャットで変身する、エグゼイドの究極形態。無限の戦闘力・能力を誇っている。

↑同等の戦闘力を有するパラドクスと空中戦を展開。

↑敵の攻撃をすべて跳ね返し、剣の一撃で斬り倒す。

↑必殺技・ハイパークリティカルスパーキングを放ち、敵の体を爆破・粉砕する。

クリエイターゲーマー

永夢がマイティクリエイターＶＲＸガシャットで変身。ブラックホールを発生させ、敵を消し去る。

鏡 飛《ひ》彩《いろ》

（出演／瀬戸利樹）

高度な技術を有する天才外科医！

↑5年前に恋人の小姫がゲーム病に感染したことから、CRの一員としてバグスターに挑むようになった。

患者のために全力を尽くす、熱血漢！

聖都大学附属病院に勤務する天才外科医。クールなタイプで他人と一定の距離を置くが、患者の命を救うためには常に全力を尽くす正義漢でもある。

↑スイーツが大好きで、ケーキやパイをナイフとフォークを使って丁寧に食する。

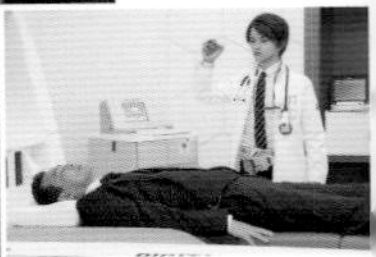

↑アメリカの病院で働いていたが、帰国してCR所属の心臓血管外科医となった。

↑専任の看護師を２人連れているが、恋人以外の女性には興味がないらしい。

↑永夢が突入したVR空間の飛彩は、子供思いの優しい父親になっていた。

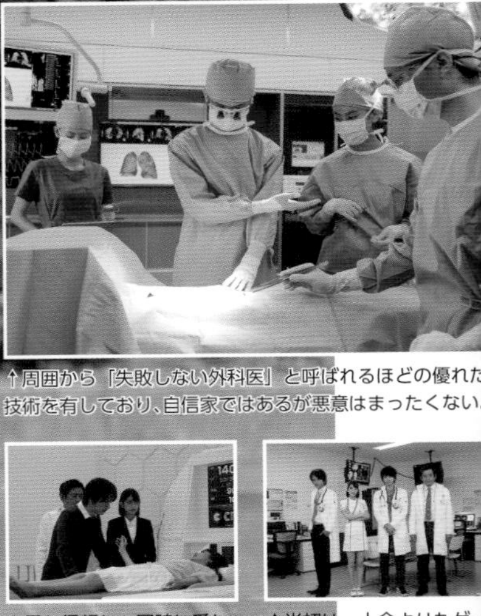

↑周囲から「失敗しない外科医」と呼ばれるほどの優れた技術を有しており、自信家ではあるが悪意はまったくない。

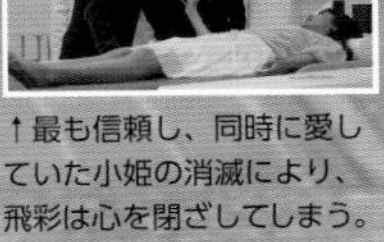

↑最も信頼し、同時に愛していた小姫の消滅により、飛彩は心を閉ざしてしまう。

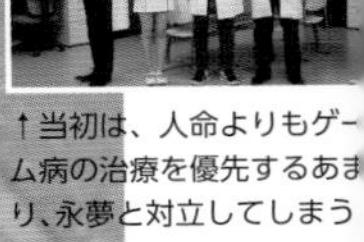

↑当初は、人命よりもゲーム病の治療を優先するあまり、永夢と対立してしまう

↑仮面ライダーの戦闘力・能力値を「術式レベル」という言葉で表現していた。

↑檀 正宗の仲間となって永夢を攻撃し、ゲーマドライバーを奪ったこともある。

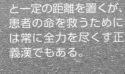

仮面ライダーブレイブ

バグスター切除手術に長けた剣士！

クエストゲーマーLV1

クエストゲーマーの第１形態。リヴァーサルシールドと剣を使った戦法で敵と対決する。

エストゲーマー
V2《ベル ツー》

専用可変武器・ガシャコソードを駆使した高速戦で敵を撃破する、クエスゲーマーの第２形態。

敵を冷静に分析し、攻撃する！

鏡 飛彩がゲーマドライバーとタドルクエストガシャットを用いて変身した姿。ゲーム病患者とバグスターウイルスを分離させる力に長けている。

↑ゲームフィールドで引き抜いた勇者の剣がガシャコンソードに変化した。

↑ガシャコンソード 炎剣モードで敵を斬り、高熱火炎で体を焼き尽くす。

↑全身にエネルギーが張ると両目が発光し、戦闘力が大幅に強化される。

↑相手の技量を沈着冷静に分析し、的確な戦法を発案して攻撃を展開。

↑攻撃による大爆発の中を走り抜け、バグスターめがけて突進していく。

↑戦闘開始時に「これよりバグスター切除手術を開始する」と言い放つ。

↑ガシャコンソードの強烈な突きの一撃で、バグスターの頑丈な体を貫く。

↑グラファイトバグスターに対して激しい憎悪を抱いているらしい。

ビートクエストゲーマーLV3

ドレミファビートガシャットでレベルアップした姿。ビート音楽のリズムに合わせて敵を攻撃する。

↑仮面ライダーポッピーを敵と認識し、その命を奪おうとしたこともあった。

サファリクエストゲーマーLV4

飛彩がタドルクエストガシャットとナイトオブサファリガシャットで変身。両腕で敵を引き裂く。

↑野獣のように敵に飛び掛かり、腕に装備した武器で装甲をも貫いてしまう。

ハンタークエストゲーマーLV5（フルドラゴン）

ブレイブがＬＶ５の全装備を装着した状態。強烈な戦闘力でバグスターを圧倒し、一瞬で撃破。

↑ドラゴナイトブレード
敵の攻撃を防ぎ、ドラゴ
イトガンから光弾を放つ。

ハンタークエストゲーマーLV5（ドラゴンブレード）

右腕に装備したドラゴナイトブレードでバグスターの装甲を破壊し、止めを刺す。動きも素早い。

→敵の眼前で素早く跳躍。空中突進の勢いでドラゴナイトブレードの力を強める。

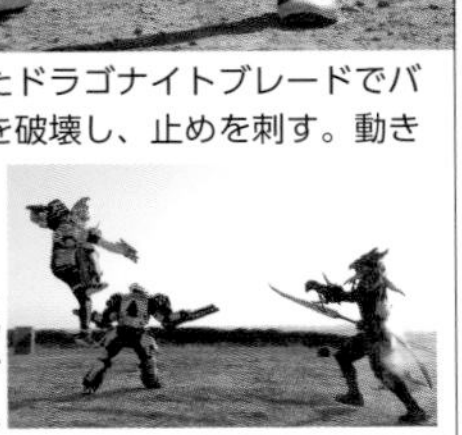

ギャラクシアンクエストゲーマー

ギャラクシアンガシャットで強化変身した姿。胸の装甲から破壊ビームを放ち、敵を爆破・粉砕する。

↑強烈なビームの一撃で、黒十字王が率いる怪人軍団を瞬時に粉砕した。

ファミスタクエストゲーマー

飛彩がファミスタガシャットで変身した姿。スピードボールや変化球を投げ、敵を三振に打ち取る。

↑仮面ライダーオーズと対決時に、華麗なフォーで剛速球を投げ込んだ。

ファンタジーゲーマーLV50

飛彩がガシャットギアデュアルベータで変身した強化形態。念動力や瞬間移動などの魔法を使い、バグスターをも意のままに操ることが可能。

↑非常に強力な魔法を秘めており、その力でトゥルーブレイブと対決した。

↑剣技が大幅に強化されており、その力は仮面ライダークロノスをも圧倒。

↑空中から突撃してきたパラドクスを、ガシャコンソードの一撃で弾き飛ばす。

↑ガシャコンソードを駆使した攻撃で敵を追い詰め、必殺技を決める。

レガシーゲーマーLV100《ハンドレッド》

飛彩がタドルレガシーガシャットで変身した、ブレイブの最強形態。勇者と魔王の力を併せもち、剣型のエネルギー光線も放射できる。

↑体内に秘めたパワーでガシャコンソードの破壊力を高め、敵を斬り裂く。

↑高く跳躍し、空中を舞うような動きで敵めがけて斬撃技を浴びせる。

↑マントをなびかせて突進し、タドルクリティカルフィニッシュを放つ。

↑当初はクロノスの指示でパラドクスを襲ったが、やがて仲間になる。

↑ガシャコンソードの切れ味を最大限に活かし、頑丈な装甲をも切断した。

花《はな》家《や》大我

（出演／松本享恭）

医師免許を剥奪され、
闇医者として活動！

目的を達成するためには手段を選ばない男！

元聖都大学附属病院の放射線治療科の医師。５年前にスナイプとなったが、グラファイトを倒し損ね、患者の命を守れなかったために医師免許を剥奪された。

↑目的のためには手段を選ばず、バグスターを餌に永夢を誘き出す。

↑黎斗に大金を支払い、再びゲーマドライバーとガシャットを入手。

←永夢の血液を採取・検査し、彼がゲーム病の感染者であることを突き止める。

←西馬ニコを疎ましく感じていたが、徐々に心を許す存在となった。

←現在は無免許の闇医者として活動しており、その技術はかなり高い。

↑グラファイトを倒すことに全力を傾けており、果敢に挑んでいく。

↑永夢たちが仮面ライダーに変身することを阻止しようと画策した。

↑多くの戦闘経験を積んでおり、緻密な計画を立てて相手に挑む。

↑ニコにゲーマーＭ（永夢）を倒してほしいと頼まれていた。

↑小姫の命を守れなかったため、飛彩に対して贖罪の意識がある。

↑ライダーガシャットの収集が目的だが、本来は正義感が強い人物

仮面ライダースナイプ

百発百中の腕前を誇る、クールなガンマン！

ミッション開始！

花家大我がゲーマド
イバーとバンバンシ
ーティングガシャッ
を用いて変身した姿。
初はブレイブと対立
たが、闘いのなかで
第に連携していく。

**ューティング
ーマー
V2《ベルツー》**

名狙撃手を自任する、シ
ーティングゲーマーの第
形態。遠距離射撃を得意
し、敵を正確に破壊する。

**シューティングゲーマー
LV1（プロト）**

5年前に大我が変身した、プロトタイプ。敵との闘いに敗れる。

シューティングゲーマーLV1

シューティングゲーマーの第1形態で、抜群の射撃力を有する。

↑空中を舞うように跳躍移動し、ターゲットの弱点を撃ち抜いて倒す。

↑背後から襲い来るバグスターを見ぬまま、弱点に銃弾を命中させる。

↑ガシャコンマグナムの一撃で、バグスターの集団を爆破・粉砕する。

↑ガシャコンマグナムをライフルモードに変化させ、遠くの敵を撃ち抜く。

↑バグスターからの一斉射撃を素早い跳躍ですべて躱し、反撃に転じる。

↑夜間戦闘でも正確に敵を捉えて追い詰めていく、クールなガンマン。

↑ガシャコンマグナム ハンドガンモードを構え、敵陣へ勢いよく攻め込む。

↑ライフルモードのグリップを敵の腹部に打ち込み、戦闘力を低下させる。

↑ブレイブとは幾度となく戦闘を繰り広げたが、決着はつかなかった。

コンバットシューティングゲーマー　LV3

ジェットコンバットガシャットでレベルアップ。腰に装備したガトリングコンバットで敵を銃撃する。

↑飛行ユニット・エアフォースウィンガーを使用し、空中を高速で飛ぶ。

↑防御力は高いが、地上格闘戦では装備の重さから苦戦することもある。

↑ガトリングコンバットを乱射し、バグスターの集団を瞬時に一掃する。

ハンターシューティングゲーマー　LV5（フルドラゴン）

スナイプがLV5の全装備を装着した状態。エグゼイドやブレイブよりも、装備の制御能力に長けていることが特徴である。

↑右腕のドラゴナイトブレードを勢いよく振り回し、敵の攻撃を弾き返す。

↑左腕のドラゴナイトガンで敵を狙い撃ち、木っ端微塵に爆破する。

↑LV5の重装備でも空中へ跳躍し、ゲンムへの突進攻撃を敢行した。

ハンターシューティングゲーマーLV5（ドラゴンガン）

左腕のドラゴナイトガンから圧縮金属を超高速で発射し、バグスターの体を粉々に破壊する。

↑高く跳躍し、空中からグラファイトの弱点にエネルギー弾を撃ち込む。

↑絶対に避けられないほどの速度で、敵にストレートキックを放つ。

↑仲間との協力プレイでバグスターを追い詰め、一斉に攻撃を仕掛ける。

ゼビウスシューティングゲーマー

大我がゼビウスガシャットで変身した姿。空中を高速飛行し、地上の敵をガトリングガンで一掃する。

↑空中から飛び掛かってきた仮面ライダーフォーゼを、弾丸で弾き返す。

↑必殺技・ゼビウスクリティカルストライクで、いかなる強敵をも撃破。

↑フォーゼとの闘いでは、最終スコアである999万9990点を叩き出した。

シミュレーションゲーマーLV50

大我がガシャットギアデュアルベータで変身した、スナイプの最強形態。両肩のスクランブルガンユニット、両腕のオーバーブラストキャノンで、敵に一斉射撃を敢行する。

腕の装甲で攻撃を受け止め、のスクランブルガンユニッを放ってバグスターを粉砕。

↑大爆発のなかでも全身の装甲はまったく破損しない。また、攻撃力は最強に近い。

↑素早い後ろ回し蹴りでゲンムをも遠方へと吹っ飛ばす。突進力も強烈である。

仮面ライダークロノス（花家大我の変身）

大我がゲーマドライバーと２本の仮面ライダークロニクルガシャットを用いて変身した姿。ゲムデウスクロノスに挑戦したが、善戦むなしく敗れてしまった。

↑ガシャコンマグナムの光弾をゲムデウスクロノスに命中させたが、弾き返されて苦戦を強いられる。

↑ガシャコンソードを構えた状態で、空中から敵に襲い掛かる。

九条貴利矢

（出演／小野塚勇人〈劇団ＥＸＩＬＥ〉）

監察医務院に所属する、監察医！

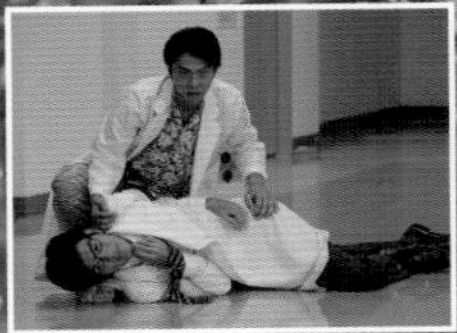

↑ゲーム病に感染した監察医・西脇の命を救おうと力を尽くした。

↑お調子者として振る舞うが、い洞察力と情報収集能力の持ち主

↑ゲンム ゾンビゲーマーＬＶＸ《テン》の猛攻撃を受け、力を失う。

↑永夢たちが見守るなか、あと託して静かに消えていく……。

→ハワイが好きで、アロハシャツの上に赤い革ジャケットを羽織っている。

→永夢たちが所属するＣＲの一員となり、クロノスの野望に立ち向かう。

↑幻夢コーポレーションの黎斗に接近したが、正体がばれて対決する。

↑バグスターとして復活した直後は永夢と敵対するが、それは敵を欺くための芝居だった。

↑相手から情報を得ため、時には嘘をつこともあったが、根真面目な青年。

↑後ろ回し蹴りを得意とし、レーザーに変身するポーズにもした。

バグスターの謎を追う！

監察医務院に所属する監察医で、バグスターや幻夢ーポレーションの謎を解明することが目的。永夢と信関係を築いたが、黎斗によって一度は消滅させられた

仮面ライダー「レーザー」

人型やオートバイ型に変身する戦士！

バイクゲーマー LV1

↑怪力の持ち主であり、両腕に装備したホイールで敵を押さえつけて動きを封じる。

バイクゲーマーの第１形態。腕のフロントアームドユニットとリアアームドユニットから光弾を放つ。

↑両目がライトになっており、暗闇を昼間のように明るく照らす。

↑エグゼイドの運転によって素晴らしい性能を存分に発揮する。

↑エグゼイドと共に跳躍し、空中でバグスターをキャッチ。

↑モータスバグスターが乗るモータスヴァイパーと、激しい追撃戦を展開した。

↑ガシャコンブレイカーを構えたエグゼイドと共に突進し、バグスターを粉砕。

バイクゲーマー LV2《レベルツー》

バイクゲーマーの第2形態。自律走行も可能だが、エグゼイドの運転で戦闘力をフルに発揮し、必殺技が繰り出せる。

運転者と共に敵と対決！

九条貴利矢がゲーマドライバーと爆走バイクガシャットを用いて変身した姿。他の仮面ライダーとは異なり、ＬＶ２にレベルアップした際は人型ではなく、オートバイ形態に変わることが特徴。

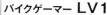

チャンバラ
バイクゲーマー
LV3

貴利矢が爆走バイクガシャットとギリギリチャンバラガシャットで変身。重装備ではあるが、スピーディーな攻撃を繰り出せる。

→高い跳躍力と走力を活かし、敵に挑みかかる。防御力も高い。

↑２本のガシャコンスパロー 鎌モードを素早く振り回し、敵の装甲を切断する。

↑敵めがけて空中突進し、必殺技・ギリギリクリティカルフィニッシュを炸裂させて止めを刺す。

→ガシャコンスパローの一撃で、ゲンムの頭部にダメージを与える。

↑ゲンム ゾンビゲーマーLVXの攻撃による爆発を浴びて、吹き飛ばされた。

↑ガシャコンスパローをゲンムに奪われ、その攻撃を受けて戦闘力を失った。

↑エグゼイドの行動をフォローしつつ、敵めがけて果敢に攻撃を仕掛けていく。

↑手強いゲンムとも互角の闘いを展開し、後退させるほどの実力をもつ。

ハンターバイクゲーマー LV5（ドラゴンクロー）

右腕にドラゴナイトブレード、左腕にドラゴナイトガン、両足にドラゴナイトクローを装備した強化形態。

↑仲間と共に集団戦を展開し、強敵に挑む。

仮面ライダーレーザーターボ
バイクゲーマーLV0《ゼロ》

一度消滅した貴利矢が復活し、爆走バイクガシャットを用いて変身した、レーザーターボの基本形態。ウイルス抑制機能を身につけている。

↑勢いよく空中回転し、敵の頭部に連続キックを打ち込んでダウンさせる。

↑敵の眼前で足を高く振り上げ、弱点に強烈な踵落としを叩き込む。

↑ガシャコンスパローを駆使し、心ならずもエグゼイドに襲い掛かった。

プロトスポーツバイクゲーマーLV0《ゼロ》

プロトシャカリキスポーツガシャットでレベルアップ。トリックフライホイールが武器。

↑ガシャットで召喚する同型バイクを、レーザーが運転したこともある。

↑素早く跳躍し、ゲンムの腹部に飛び蹴りを打ち込む。

プロトコンバットバイクゲーマーLV0《ゼロ》

↑両腰に装備したガトリング砲で、空中の敵を撃墜。

↑空中を高速移動し、地上の敵めがけて銃弾を放つ。

プロトジェットコンバットガシャットでレベルアップ。空中を飛行する。

仮面ライダーレーザーX《エックス》

↑パワーアップし、再びゲームを始めたゲンムと対決。

↑奇跡の能力を秘めた必殺キックをゲンムに叩き込む。

バグヴァイザーⅡ《ツヴァイ》とギリギリチャンバラガシャットで変身。ゲンムのパワーをリセットできる。

檀 黎《くろ》斗《と》

（出演／岩永徹也）

幻夢コーポレーションの若きCEO

↑衛生省に協力を仰がれ、目的を達成するためにCRを発足させた。

↑度々、社長室に出入りする貴利矢を疑いつつ、煙に巻いていた。

↑自身の死のデータを利用し、不死身のゾンビライダーとなる。

↑ゲーム完成直前、パラドにウイルスを浴びせられて消滅するが、バグスターとなって復活を遂げる。

↑バグスターを操り、エグゼイドたちの戦闘データを入手していた。

↑奇抜な行動を取ることが多くなり、ポッピーにも理解不能だった。

↑実の父である正宗とも対立し、自身の目的のために激しく闘う。

↑バグスターになった後は、命をコンティニューする力を身につけ、新檀 黎斗、檀 黎斗神を名乗った。

↑改心して永夢に協力する素振りを見せたが、すべては芝居で自身の欲望のためにのみ動いていた。

↑CRの永夢たち、個人で動く大我たちの双方に協力するふりをし、争わせる。

自身の欲望のためにのみ、活動！

幻夢コーポレーションのCEO。ゲーム病を根絶するためゲーマドライバーとライダーガシャットを開発したが、実は究極のゲーム・仮面ライダークロニクルを完成させるという、自身の欲望を満たす偽善的行動だった。

仮面ライダーゲンム

「仮面ライダークロニクル」の完成を企てる！

アクションゲーマーＬＶ１

アクションゲーマーの第１形態。当初は「黒いエグゼイド」と呼ばれ、暗躍していた。

アクションゲーマー LV2

軽快な動きと専用自転車を駆使して闘う、アクションゲーマーの第２形態。エグゼイドたちをつけ狙った。

↑ガシャコンバグヴァイザーを駆使し、敵に猛攻撃を仕掛けていく。

スポーツゲーマ

主にゲンムが使用する、スポーツタイプの自転車。ＬＶ３の際は強化装甲に変化する。

→ガシャコンバグヴァイザーの一撃で、ブレイブのＬＶ１を窮地に追い込む。

↑スポーツゲーマを巧みに運転し、空中からトリッキーな攻撃を展開。

→戦闘力は互角だが、経験値を活かした攻撃でエグゼイドを何度も危機に陥れる。

↑ＬＶ５となった４大ライダーの連携攻撃によってついに倒された。

↑必殺キック・マイティクリティカルストライクで、敵を撃破する。

敵にも味方にもなる！

檀 黎斗がゲーマドライバーとプロトマイティアクションＸガシャットを用いて変身した姿。エグゼイドたちの戦闘データを使い、究極のゲームを完成させようとしていたが、闘いに敗れて復活した後は共闘するようにもなる。

スポーツアクションゲーマーLV3

↑両肩に装備したトリックフライホイールで、エグゼイドを撥ね飛ばした。

↑グラファイトと協力し、仮面ライダーたちに次々と襲い掛かっていく。

↑地上でも強烈なキックを放ち、レーザーの戦闘力を大幅に低下させる。

シャカリキスポーツガシャットでレベルアップした姿。トリックフライホイールが武器。

ゾンビゲーマーLVX《テン》

黎斗がバグルドライバーとデンジャラスゾンビガシャットで変身した姿。不死身という特性を有していた。

↑自身の死から得たデータを利用した形態で、凄まじい戦闘力を誇る。

↑ブレイブやスナイプに襲い掛かり、彼らがもつガシャットを回収した。

↑レーザーから奪ったガシャコンスパロー 弓モードでエグゼイドを攻撃。

ゾンビゲーマーLVX《エックス》

ゲンム ゾンビゲーマーが闘いのなかで死のデータを蓄積し、大幅にレベルアップした姿。未知数の戦闘力を発揮し、敵を粉砕する。

↑エグゼイド LVXX《ダブルエックス》 RとLの2体を相手に互角の戦闘を繰り広げた。

↑強烈な破壊力を秘めた空中キックで、ブレイブのパワーを低下させる。

↑ガシャコンスパロー 弓モードから発射する光矢で、2体の敵を牽制。

↑凄まじい格闘力のほか、増殖能力や敵の装備を腐敗させる能力をもつ。

アクションゲーマー LV0《ゼロ》（プロトオリジン）

バグスターとなった黎斗がプロトマイティアクションXガシャットオリジンで変身。99回まで復活できるコンティニュー機能をもつ。

↑パラドクスに襲い掛かり、ガシャコンブレイカーで命を奪おうとする。

↓全身のパワーが飛躍的にアップしており、全身の防御力も高くなった。

↑仮面ライダークロニクルを奪ったクロノスに対し、強い憎悪を抱く。

ウィザードゲーマーLV1

マジックザウィザードガシャットで変身する、魔法戦士の第1形態。この姿で戦闘は行わなかった。

ウィザードゲーマーLV2

ウィザードの力を有する第2形態。エグゼイドを襲撃し、レジェンドライダーガシャットを回収。

ゾンビゲーマーLVX《エックス》（トーテマ外装態）

↑強力な怪人軍団を率いて、6人ライダーに襲い掛かる。

↑最後はゴライダーバズーカの直撃を受け、倒れた。

ゲンムがトーテマの力で強化された姿。背中のユニットからレーザー光線を発射し、ゴライダーを攻撃する。

ゾンビアクションゲーマーLVX《エックス》-0《ゼロ》

↑レーザーターボと共闘し、強力なバグスターを次々と倒す。

↑時間差コンティニュー機能を最大に活かし、クロノスを翻弄。

黎斗がプロトマイティアクションXガシャットオリジンと、デンジャラスゾンビガシャットで変身した姿。

ゴッドマキシマムゲーマー レベルビリオン

↑本体からLV0が分離し、敵を攻撃することも可能。

↑巨大な腕から繰り出す怪力パンチで、敵を圧倒する。

ゴッドマキシマムマイティXガシャットで変身。隕石を飛来させ、太陽からレーザー光線を撃ち出す。

パラド
（出演／甲斐翔真）

ゲームウイルスの参謀格！

「天才ゲーマーM」の人格をもつ！

人類の滅亡を企むゲームウイルスたちの参謀格で、永夢に感染しているバグスター。宿主である永夢と闘うことに執着していたが、死に対する恐怖と生の尊さを学習して考えを改める。

↑天才ゲーマーMの人格をもち、永夢に偏執的な愛情を抱いている。

↑ポッピーを仲間にし、仮面ライダークロニクルを利用しようと画策。

↑自らの罪を償い、永夢と協力して正義のために闘うことを誓う。

パラドが変身！

バグスターのパラドがガシャットギアデュアルを用いて変身。当初は人類の敵として出現したが、闘いのなかで命の尊さを理解。人類のためにクロノスに挑んだ。

パズルゲーマーLV50

ゲームフィールド内にあるエナジーアイテムをパズルのように操り、敵を攻撃。

ファイターゲーマーLV50

格闘戦を得意とし、怪力パンチを駆使した攻撃で、強敵をもノックアウトする。

パーフェクトノックアウトゲーマー LV99

パラドがゲーマドライバーとガシャットギアデュアルを用いて変身。パズルゲーマーとファイターゲーマーの力を同時に発動できる。

永夢との闘いのなかで、開眼！
仮面ライダーパラドクス

ポッピーピポパポ
（出演／松田るか）

永夢をサポートするゲームキャラクター！

良性のバグスター！

エグゼイドたちの行動をサポートする美しきゲームキャラクター。その正体はドレミファビートから誕生した良性のバグスターで、テンションが異常に高い。

天ヶ崎 恋（ラヴリカバグスター）に魅入られ、パラドの仲間になってしまう。

ブレイブたちと共にリスマススタイルに変身し、敵と対決。

↑洗脳され、敵対する存在としてエグゼイドの前に立ち塞がった。

仮野明日那
（出演／松田るか）

ポッピーが変身した人間の女性で、衛生省から派遣されたエージェント。

↑敵に洗脳されていた際は眼が赤だったが、自我を取り戻してからは青に変化。

敵の洗脳から解放！

ポッピーピポパポがバグルドライバーⅡ《ツヴァイ》とときめきクライシスガシャットを用いて変身した女性戦士。当初は敵として出現したが、洗脳が解けてエグゼイドたちの仲間に戻る。

↑高い跳躍力と素早い動きを活かした攻撃で相手を翻弄。

↑華麗な空中回転で敵の攻撃を簡単に躱し、後方に降り立って反撃を開始する。

仮面ライダーポッピー
ときめきクライシスゲーマー LVX《エックス》

高い跳躍力と素早い動きが自慢！

↑データから再現された強敵・ゲノムスと激しい闘いを展開。

高く跳躍し、上空からカラフルなエネルギー弾を連射。地上にいる敵を爆撃して倒す。

檀 正宗

（出演／貴水博之）

人間の生死を管理しようと画策！

↑絶対的な管理者となるために、仮面ライダークロニクルの完成を狙っていたらしい。

↑ゲムデウスクロノスとなって暴れたが、エグゼイドたちに倒される。

幻夢コーポレーションCEOに復帰！

黎斗の父。多数の人間をウイルスに感染させた責任を問われ、刑務所に服役したが、出所後は幻夢コーポレーションのＣＥＯに復帰。人間の生死を管理しようと企む。

仮面ライダークロノス

時間を停止させ、巻き戻す！

←自身の野望を達成するためには、誰であろうと容赦なく攻撃を仕掛けた。

↑キックの一撃でファンタジーゲーマーＬＶ50となったブレイブをも弾き飛ばす。

ゲムデウスクロノス

ゲムデウスの力を取り込んだ正宗が変身。宝剣デウスラッシャーと宝盾デウスランパートが武器。

クロニクルゲーマー

クロノスの基本形態で恐るべき戦闘力を有する。最終決戦では剣と盾を使用。

最強の敵！

黎斗の父、檀 正宗が仮面ライダークロニクルのマスターガシャットで変身。時間を停止させる〝ポーズ〟や時間を巻き戻す〝リセット〟の能力を駆使し、闘いを有利に進める。

西《さい》馬《ば》ニコ

（出演／黒崎レイナ）

女子高生プロゲーマー！

大我の相棒！

年収１億円を稼ぐ女子高生プロゲーマーで、大我のよき相棒。当初は、自分を破った天才ゲーマーM（永夢）を一方的に恨んでいた。

↑わがままな性格で、口の悪い大我とは喧嘩が絶えないが、お互いに信頼しあっている。

ライドプレイヤーニコ

西馬ニコが変身！

スナイプたちをサポート！

西馬ニコが仮面ライダークロニクルガシャットで変身。バグスターと勇敢に闘い、スナイプをサポートした。

↑強いキック力を発揮し、バグスターに立ち向かう。また、高い跳躍力も身につけている。

ライドプレイヤー

仮面ライダークロニクルのプレイヤーが、一般流通版の仮面ライダークロニクルガシャットで変身した姿。

↑戦闘力は低く、集団で攻撃しても仮面ライダーには敵わない。

↑バグスターと対決中のエグゼイドを襲い、勝とうとする者もいた。

変身者たち

遊び感覚で仮面ライダークロニクルに参加していたプレイヤー。バグスターに敗れると消滅するリスクを背負っていた。

テンマ（出演／西井幸人）

ツジ（出演／海上学彦）

土居万次郎（出演／田口浦）

主要登場人物

日向《ひなた》恭太郎（出演／野村宏伸）

少年時代の永夢の命を救った医師で、現在は衛生大臣官房審議官。

鏡 灰馬（出演／博多華丸）

聖都大学附属病院の院長で飛彩の父。ゲーム病の根絶を目指す。

百瀬小姫（出演／中川可菜）

学生時代に飛彩と出会い、交際していた恋人。ゲーム病に感染。

正親町《おおぎまち》さつき（出演／佐分利眞由奈）

飛彩の助手を務める看護師。彼に、ゲーマドライバーを装着する。

錦小路みずき（出演／溝口 恵）

さつきと共に飛彩をサポートし、ライダーガシャットを手渡す。

藍原淳吾（出演／塩 顕治）

新東医科大学の学生で貴利矢の友人。ゲーム病に感染して悩む。

↑永夢は、仮野明日那から託されたゲーマドライバーを装着。

↑仮面ライダーエグゼイドとなり、バグスターとの初戦に勝利する。

↑天才外科医、鏡 飛彩も仮面ライダーブレイブに変身して参戦した。

↑九条貴利矢が変身した、オートバイ形態の仮面ライダーレーザーと共闘。モータスバグスターと激しいマシン戦を繰り広げる。

↑宿敵・仮面ライダーゲ
ムに、ＬＶ３の力で挑む

↑人型となったレーザー
ゲンムに敢然と立ち向かう

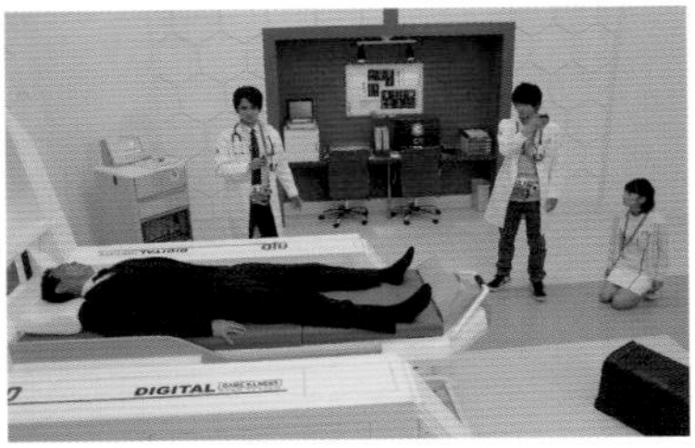

←恩人である日向恭太郎を救うため、永夢は飛彩と共に変身。バグスターの切除手術を行う。

←永夢を始めとする４大ライダーがＬＶ５に変身。協力プレイで強敵・グラファイトバグスターを撃破した。

↑エグゼイドらの活躍で倒されたゲンムが、ゾンビゲーマーＬＶＸ《テン》として復活。レーザーと闘い、命を奪う。

↑永夢が新たなガシャットの力で２
の戦士に分離。強大なゲンムに対抗

↑バグスターが変身した仮面ライダーパラドクスの急襲に苦戦する。

敵の猛攻撃を素早く躱し、ガットンバグスターめがけて突進。ガシャコンブレイカー 剣モードを振るう。

肥大化する悪の野望！

全世界に蔓延していくバグスター。聖都大学附属病院に勤務する宝生永夢を始めとした医師たちは、仮面ライダーの力を駆使し、人類を守るため、肥大化していく悪の野望に立ち向かう

↑ファンタジーゲーマーの力を得たブレイブが、パラドクスと対決。

↑仮面ライダースナイプもシミュレーションゲーマーの力を発揮。

マキシマムゲーマーの力を得たエ
ゼイドが、ゲンムを弾き飛ばす。

↑バグスターに洗脳されていたポッピーピポパポを攻撃から守る。

↑強化変身したパラドクスに空中突進し、剣モードで斬り掛かった。

↑ゲームの管理者である仮面ライダークロノスが出現。エグゼイドらの命を狙う。

↑永夢から変身能力を奪うため、クロノスはパラドクスを倒そうと画策する。

↑恋人の復活を条件に、ブレイブがクロノスと共闘。エグゼイドの敵となった。

↑永夢とバグスターのパラドが共闘。ゲームのラスボス・ゲムデウスに挑んだ。

↑バグスターとして復活した貴利矢もクロノス側につき、永夢の苦悩が続く……。

↑エグゼイドの最強形態・ムテキゲーマーがゲムデウスに強烈な攻撃を浴びせる。

永夢は生身でクロノスに挑み、
身の一撃で敵のベルトを砕く。

き医師たちと
グスターの闘い！

時間停止能力を失ったクロノスにエグゼイドの一撃がヒット。仮面ライダーたちの活躍で、ついに悪は滅びる。

仮面ライダートゥルーブレイブ

ゲーム世界の飛彩が変身！

ブレイブに戦いを挑む！

ゲーム世界の飛彩が、タドルレガシーガシャットで変身した姿。素早い戦法を得意とし、専用のフランベルセイバーとリヴァーサルシールドでブレイブを襲った。

ゲーム世界の飛彩（出演／瀬戸利樹）

ゲーム・超スーパーヒーロー大戦内に存在する、もう１人の飛彩。

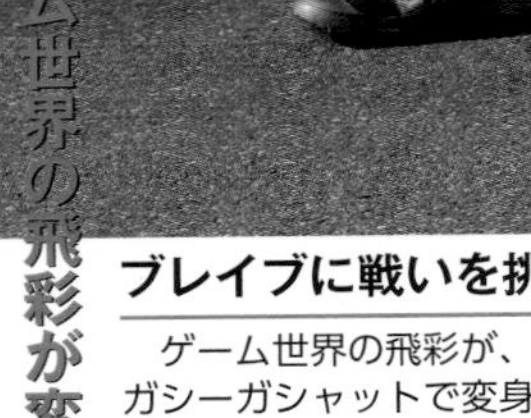

↑互角の力を有するブレイブ ファンタジーゲーマーLV50と激戦を展開する。

↑現実世界のブレイブとの闘いに敗れるが、後に和解することとなった。

仮面ライダー風魔

トリッキーな戦法を得意とする！

人間を仮想空間へ引き込む！

南雲影成がハリケーンニンジャガシャットの力で変身。光の手裏剣で人間をゲーム病患者にし、仮想空間へ引き込む。

南雲影成（出演／堂珍嘉邦〈CHEMISTRY〉）

新型のバグスターウイルスで人間の意識を仮想空間に閉じ込める。

↑凄まじい戦闘力を発揮しゲンム ゾンビゲーマーをも窮地に追い込んだ。

↑エグゼイドとは、トリッキーな動きで激しい剣の闘いを繰り広げていった。

仮面ライダーアナザーパラドクス

パラドクスと同等の戦闘力をもつ！

パーフェクトノックアウトゲーマー

アナザーパラドクスの基本形態。必殺技・パーフェクトノックアウトクリティカルボンバーで敵を倒す。

アナザーパラド（出演／

檀 正宗に感染したバグスターウイルスから生まれたバグスター。

残忍な性質の戦士！

アナザーパラドがガシャットギアデュアルアナザーで変身。パラドクスと同等の戦闘力を備えており、攻撃も荒々しい。

↑専用武器・ガシャコンバグヴァイザーⅡ《ツヴァイ》を駆使しパラドクスに襲い掛かった。

仮面戦隊ゴライダー

全仮面ライダーと全スーパー戦隊の力を併せもつ！

コンビネーション戦法で敵を撃破！

全仮面ライダーと全スーパー戦隊の力を併せもった５人の戦士。スーパーヒーロー大戦及びトーテマとの闘いに登場したが変身者は異なる。

アカライダー

宝生永夢（エグゼイド）と駆紋戒斗（仮面ライダーバロン）が変身した、チームのリーダー。

アオライダー

加藤・クラウド・八雲（アオニンジャー）と剣崎一真（仮面ライダーブレイド）が変身した。

↑ゴライダーボールを５人でパスする必殺技・ゴライダーハリケーンを放つ。

↑ゴライダーがポーズをとって名乗りをあげた後、背面で５色の爆発が発生。

キライダー

陣 マサト（ビートバスター）と九条貴利矢（レーザー）が変身した怪力自慢のヒーロー。

モモライダー

モモタロス（仮面ライダー電王 ソードフォーム）と湊 耀子（仮面ライダーマリカ）が変身。

ミドライダー

北岡秀一（仮面ライダーゾルダ）と木野 薫（仮面ライダーアナザーアギト）が変身した。

仮面ライダーアマゾンズ

スーパーヒーロー大戦に関係する存在を探すエグゼイドの前に現れ、攻撃を仕掛けてきた異世界の仮面ライダー。

仮面ライダーアマゾンオメガ

水澤 悠《はるか》が変身する仮面ライダー。爪やアームカッターに変形させたバトラーグリップで敵の体を斬り裂く。

仮面ライダーアマゾンアルファ

鷹山 仁《じん》が変身する仮面ライダー。多くの戦闘経験を積んだ強者で、高い格闘能力を発揮して敵を倒す。

仮面ライダーアマゾンネオ

仁の息子である千翼《ちひろ》が変身する仮面ライダー。アマゾン細胞が超硬化した追加装甲を装備している。

映画『仮面ライダー×スーパー戦隊 超スーパーヒーロー大戦』に登場。

バグスター、怪人

コンピューターの誤作動に端を発する「2000年問題」の影響で誕生した、新種のコンピューターウイルス。人間に感染してゲーム病を発症させ、増殖して巨大なバグスターユニオン、怪人態へと進化を遂げる特性を有する。

グラファイトバグスター

グラファイトの怪人態。グラファイトファングから斬撃波を放つ。

グラファイト（出演／町井祥真）

バグスターウイルス

コンピューターウイルスが人型に変化した姿。格闘力が強く、集団で敵を襲う。

ソルティバグスター

マイティアクションXのデータを取り込む。打撃技で敵を倒す。

バグスターユニオン

バグスターウイルスが人体で増殖して出現。ソルティバグスターを生み出した。

アランブラバグスター

タドルクエストのデータを取り込む。アランブラスタッフで魔法攻撃を発動。

バグスターユニオン

アランブラバグスターを生み出したバグスターユニオン。怪力攻撃を繰り出す。

リボルバグスター

バンバンシューティングのデータを取り込む。ロケット砲やアームが武器。

バグスターユニオン

リボルバグスターを生み出したバグスターユニオン。巨大な二連発銃形態で出現。

モータスバグスター

爆走バイクのデータを取り込む。高度なオートバイテクニックをもつ。

バグスターユニオン

モータスバグスターを生み出したバグスターユニオン。タイヤ状形態で出現。

モータスヴァイパー

モータスバグスターがバグスターウイルスを集めて生み出した高性能マシン。

コラボスバグスター（ゲキトツロボッツ）

ゲキトツロボッツのデータを取り込む。右腕の強化アームを射出して敵を攻撃。

コラボスバグスター（ドレミファビート）

ドレミファビートのデータを取り込む。トラップ攻撃を繰り出す。

バグスターユニオン

コラボスバグスター（ドレミファビート）を生み出したバグスターユニオン。

コラボスバグスター（ギリギリチャンバラ）

ギリギリチャンバラのデータを取り込む。黒鉄刀で敵を斬り倒す。

コラボスバグスター（ジェットコンバット）

ジェットコンバットのデータを取り込む。ミサイルを発射する。

バグスターユニオン

コラボスバグスター（ジェットコンバット）を生み出したバグスターユニオン。

コラボスバグスター（素体）

コラボスバグスターの非武装状態。ライダーガシャットのデータで全身を強化。

Dr.パックマン

財前美智彦（出演／佐野史郎）

電脳世界の中で新種のバグスターウイルスを開発していた怪人物。

ゲノムス

Dr.パックマンが、遺伝子改造能力で究極生命体へと進化した姿。

ハテナバグスター

ハテサテパズルのデータを取り込む。生命体の遺伝子を組み換えて進化させる。

ロボルバグスター

来《くる》瀬《せ》荘司（出演／柳橋弘至）

プロトゲキトツロボッツガシャットのデータで変身。強化アームを射出して攻撃。

ギリルバグスター

武田上《あげ》葉《は》（出演／山本千尋）

プロトギリギリチャンバラガシャットのデータで変身。剣の達人。

ドラルバグスター

竜崎一成（出演／鈴之助）

プロトドラゴナイトハンターZガシャットのデータで変身。火炎弾で攻撃。

ダークグラファイトバグスター

プロトドラゴナイトハンターZガシャットのデータで強化。漆黒の波動で攻撃

ソルティバグスターLV3

ソルティバグスタ
ーがレベルアップ。
電撃パンチを放つ。

アランブラバグスターLV5

アランブラバグス
ターがレベルアップ。
魔力と耐久力が強化。

リボルバグスターLV5

リボルバグスター
がレベルアップ。万
能重火器で攻撃する。

バガモンバグスター

ジュージューバー
ガーのデータを取り
込む。悪意はない。

モータスバグスターLV5

モータスバグスタ
ーがレベルアップ。
加速装置を内蔵する。

ビーストライダー・スクワッド

野獣系ライダーで、王蛇、タイガ、ビ
ースト、ダークキバ、サソードが参加。

キングダーク

ビーストライダ
ー・スクワッドを
復活させた、謎の
巨大ロボット戦士。

ガットンバグスターLV30

ゲキトツロボッツ
のデータを取り込む。
メカアームで敵を撃破。

バーニアバグスターLV30

ジェットコンバッ
トのデータを取り込
む。ミサイルを放つ。

カイデンバグスターLV30

ギリギリチャンバ
ラのデータを取り込
む。鋭い剣が武器。

チャーリーバグスターLV30

シャカリキスポー
ツのデータを取り込
む。自転車で攻撃。

チャーリーズサイクル

チャーリーバグス
ターが運転する、専
用の攻撃自転車。

ショッカー首領三世

(出演／ダイアモンド☆ユカイ)

超スーパーヒー
ロー大戦のボーナ
スステージを支配
するラスボス。

大蜘蛛大首領

ショッカー首領三世
が変身した蜘蛛型怪人。
本の魔剣を振るう。

首領専用モライマーズロボ

大蜘蛛大首領が乗る
ビッグモライマーズが
変形した超巨大ロボ。

コウモリアマゾン

コウモリの姿をした
凶暴なアマゾン。空を
飛び、牙で敵を噛む。

トーテマ

無敵の強さと不死身
の生命力を身につけた、
ゲーム世界の強敵怪人。

サドンダスβ

トーテマが率いる怪
人軍団の1体。空を飛
び、高熱火炎を放射。

モータスバグスターLV20

モータスバグスター
がさらにレベルアップ。
仲間と協力して攻撃。

ガットンバグスタ
がレベルアップ。
闘力が大幅に向上。

カイデンバグスターLV40

カイデンバグスタ
ーがレベルアップ。
スタジアムを襲撃。

ソルティバグスターLV10

ソルティバグスタ
ーがさらにレベルア
ップ。仲間を指揮。

ラヴリカバグスター

天ヶ崎恋

(出演／小手伸也)

ときめきク
ライシスのデ
ータを取り込
む。魅力的な
台詞で攻撃。

グレングラファイトバグスター

ダークグラファイ
トバグスターの約20
倍の戦闘力を有する。

カイデンバグスターLV60

カイデンバグスタ
ーがさらにレベルア
ップ。剣で攻撃する。

ゲームに登場するノ
プレイヤーキャラ。
裏剣や小太刀を使う。

ゲムデウスマキナ

現実世界をゲームエ
リアに変化させる能力
を身につけた強敵怪人。

超ゲムデウスマキナ

ゲムデウスマキナが
変身した超巨大な怪物。
全身から衝撃波を放つ。

ゲムデウスバグスター

ゲーム「仮面ライダ
ークロニクル」のラス
ボスで、究極の怪人。

超ゲムデウス

ゲムデウスクロノスが覚
醒・進化した姿。伸縮自在
の両腕から炸裂光弾を発射
し、あらゆる物体を破壊。

ネビュラバグスターウイルス

ネビュラガスとバ
グスターウイルスが
融合して誕生した。

制作スタッフ

原作／石ノ森章太郎　スーパーバイザー／小野寺 章（石森プロ）チーフプロデュース／佐々木 基（テレビ朝日）　プロデュース／井上千尋（テレビ朝日）・大森敬仁・谷中寿成（東映）・菅野あゆみ　プロデュース補／谷中寿成・小出大樹（東映）　脚本／武藤将吾　監督／田﨑竜太・上堀内佳寿也・諸田 敏・中澤祥次郎・山口恭平・柴﨑貴行　特撮監督／佛田 洋（特撮研究所）　アクション監督／宮崎 剛（ジャパンアクションエンタープライズ）　アクション監督代行／おぐらとしひろ・渡辺 淳　音楽／川井憲次　撮影／松村文雄・植竹篤史・倉田幸治　照明／斗沢 秀　ＣＧ制作／特撮研究所・日本映像クリエイティブ　美術／大嶋修一　小道具／東京美工　装置／紀和美建　メイク／サンメイク　衣裳／東京衣裳　助監督／小波津 靖・大峯靖弘・茶谷和行・齊藤崇浩・林 達也　編集／佐藤 連　MA／曽我 薫　選曲／金成謙二　音響効果／大野義彦　キャラクターデザイン／田嶋秀樹・ＰＬＥＸ　クリーチャーデザイン／篠原 保　造型／ブレンドマスター　物理学アドバイザー／白石直人　ラインプロデューサー／道木広志・下前明弘　制作／テレビ朝日・東映・ＡＤＫ

2つのボトルでベストマッチ！

2017年（平成29年）9月3日〜2018年（平成30年）8月26日放映

桐生戦《せん》兎《と》

優れた頭脳と驚異的な身体能力をもつ、天才物理学者！

（出演／犬飼貴丈）

↑1年前、雨の中で倒れていたところを石動惣一に救われ、喫茶店nascitaで保護される。

↑石動惣一の娘・美空の協力でスマッシュの成分からフルボトルを精製し、変身に使用。

↑地下秘密基地で暮らしながら、スマッシュに関する調査や様々な装備の開発をしている。

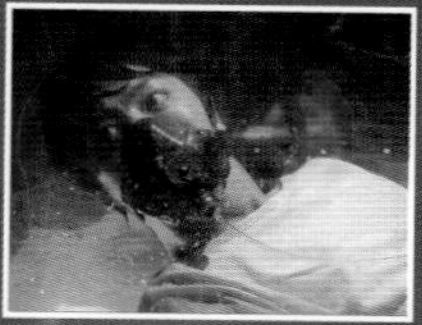

↑ブラッドスターク（石動）の企みで本来の姿を失い、現在の顔に変えられたらしい。

↑変身前でも自身が製作したマシンビルダーを運転し、敵と戦闘を繰り広げていく。

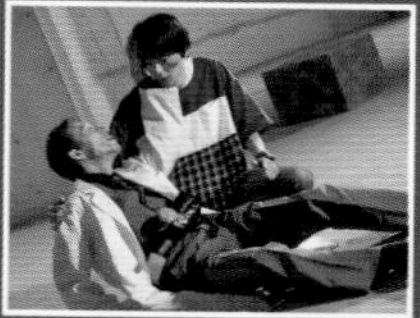

↑密かにエボルトに対抗していた実の父・忍と闘ったこともあるが、最後に真意を知る。

↑エボルトが憑依していた石動と戦闘を繰り広げたが、まったく敵わず、危機に陥った。

↑仲間である万丈龍我を救うために変身しようとした際、美空に引き留められ、苦悩。

↑エボルトを倒し、新世界を創造するが、彼と龍我だけが人々の記憶から忘れ去られた。

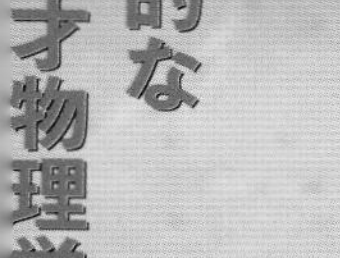

の恩人である石動
最強の敵・エボルト
られていたことを
、驚愕する。

本来の姿と記憶を失っていた！

優れた頭脳と驚異的な身体能力をもつ天才物理学者。当初は記憶を失っていたが、宿命を受け入れ、仮面ライダービルドとして闘うことを決意した。

フルボトル

エボルトが地球の有機物と無機物の成分から作り出したアイテム。ビルドらが変身に使用。

仮面ライダービルド

有機物と無機物のフルボトルで変身！

さぁ、実験を始めようか！

桐生戦兎が、選択した２種類のフルボトルをビルドドライバーに装填し、変身する戦士。有機物と無機物の成分を組み合わせたベストマッチ形態となり、敵と戦闘を展開する。

→ラビットの跳躍力を活かしてジャンプし、敵に飛び掛かる。

→素早い空中回転で死角に移動し、ドリルクラッシャーで攻撃。

ラビットタンクフォーム

ラビットフルボトルとタンクフルボトルで変身する基本形態。強烈なパワーを誇るパンチとキックで敵を撃破。

↑フルボトルバスター バスターブレードモードでエボルトに挑む。

↑光弾攻撃による爆発の中を走り抜け、敵に突進していく。

↑当初は謎のヒーローとして東都に出現する敵を倒していた。

↑強敵・ブラッドスタークとの決で、戦闘力が強化されていっ

→一撃必殺のキック、ボルテックフィニッシュで敵を爆破・粉砕する。

→ブラッドスタークとの闘いでは、怒りの感情が抑えられずに激高した。

→空中から急降下する勢いで、フルボトルバスターの一撃を叩き込む。

ゴリラモンドフォーム

ゴリラフルボトルとダイヤモンドフルボトルで変身。右腕のサドンデストロイヤーで敵を撃破。

↑特殊変換装置で敵をダイヤモンドに変え、怪力パンチで体を砕く。

ホークガトリングフォーム

タカフルボトルとガトリングフルボトルで変身。背中のソレスタルウィングで空中を飛ぶ。

↑素早い動きを活かして敵の光弾を巧みに躱し、反撃に転じる。

ニンニンコミックフォーム

忍者フルボトルとコミックフルボトルで変身。高い敏捷性と隠密能力で敵に立ち向かう。

↑４コマ忍法刀を使った剣技で、襲い来るスマッシュの装甲を貫く。

ロケットパンダフォーム

パンダフルボトルとロケットフルボトルで変身。左腕のロケットを噴射し、宇宙空間を飛行。

↑ロケット噴射の勢いで強烈なパンチを放ち、敵をダウンさせる。

ファイヤーヘッジホッグフォーム

ハリネズミ
ルボトルと
防車フルボ
ルで変身。
水銃から可
燃性液体を放
、敵を焼く。

↑右腕の球状グローブ・ＢＬＤスパインナックルで敵を叩きのめす。

海賊レッシャーフォーム

海賊フルボトルと電車フルボトルで変身。地上のほか、水上・水中での戦闘も得意である。

↑跳躍で敵の攻撃を躱し、カイゾクハッシャーから光矢を撃ち出す。

ライオンクリーナーフォーム

ライオンフルボトルと掃除機フルボトルで変身。左腕の強化掃除機で敵を吸い寄せ、攻撃。

↑右腕のゴルドライオガントレットから放つ咆哮衝撃波で敵を倒す。

キードラゴンフォーム

ドラゴンフルボトルとロックフルボトルで変身。左腕から鍵つきの鎖を発射して敵を拘束。

↑ドラゴラッシュアームで強力パンチを放つが、力の制御は困難。

オクトパスライトフォーム

オクトパス
ルボトルと
イトフルボ
ルで変身。
肩から８本
触腕を伸ば
、敵を攻撃。

↑左肩の発光装置から強い光を放射し、敵の視界を一時的に奪う。

フェニックスロボフォーム

フェニックスフルボトルとロボットフルボトルで変身。左腕のロボットアームで物体を破壊。

↑炎を帯びた右腕のフレイムリヴァイバーで敵にチョップを放つ。

スマホウルフフォーム

ウルフフルボトルとスマホフルボトルで変身。右腕のウルフェイタルクローで敵を引き裂く。

↑左腕のスマホ型シールドで敵の攻撃を防ぎ、クローで襲いかかる。

ローズコプターフォーム

ローズフルボトルとヘリコプターフルボトルで変身。背面のローターで空中をホバリングする。

↑右腕に巻き付いた黒い鞭で敵を捕らえ、体を強く打ちのめす。

トラユーフォーフォーム

トラフルボトルとUFOフルボトルで変身。右手の爪の周囲に光爪刃を発生させ、敵を切断。

↑優れた身体能力を活かして敵集団に襲い掛かり、次々と撃破する。

クジラジェットフォーム

クジラフルボトルとジェットフルボトルで変身。右肩と右腕から海水を高速放射して攻撃。

↑左胸から戦闘機型のドローンを飛ばし、敵に空中攻撃を仕掛ける。

ラビットタンクスパークリングフォーム

→各ベストマッチのパワーや武器を使いこなし、強敵を粉砕する。

→右脚から放射するインパクトバブルでキックを強化。敵の弱点に蹴りを放つ。

ラビットタンクスパークリンで変身する強化形態。発泡増強剤ベストマッチリキッドにより、凄まじい戦闘力・能力を発揮できる

キリンサイクロンフォーム

キリンフルボトルと扇風機フルボトルで変身。左腕の送風機から放つ強風で敵を吹き飛ばす。

↑キリンの首を模した伸縮自在の右腕で敵に強烈な打撃を加える。

エグゼイドフォーム

ドクターフルボトルとゲームフルボトルで変身。仮面ライダーエグゼイドの戦闘力を有する。

↑手強いネビュラバグスターと対決し、専用武器やキックで攻撃。

ハザードフォーム

ラビットタンクハザードフォーム

ハザードトリガーの力で変身する形態。強大なパワーを発揮できるが、脳への刺激が強すぎるため、暴走の危険性を秘めている。

ホークガトリングハザードフォーム

海賊レッシャーハザードフォーム

キードラゴンハザードフォーム

スマホウルフハザードフォーム

サメバイクフォーム

サメフルボトルとバイクフルボトルで変身。索敵装置で電位の変化を感知し、敵を捕捉する。

↑右腕のヒレ状の刃を振り回し、敵の装甲や武器を切断してしまう。

トライアルフォーム

ベストマッチフォーム以外の組み合わせ形態。フルボトルの組み合わせは、ずしも良くはないが敵との戦闘に向いており、2種の特性を活かして活動する

ハリネズミタンク

ラビット掃除機

ゴリラ掃除機

ラビットガトリング

忍者タンク

パンダガトリング

ゴリラロケット

ライオンコミック

海賊ガトリング

フェニックス掃除機

ローズ掃除機

クジラ消防車

ローズ消防車

ラビットモンド

ラビットドラゴ

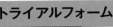

ラビットラビットフォーム

↑ハザードの暴走を抑えるために開発された形態で、戦闘力も高い。

↑一瞬で88mまで跳躍。地上の敵に急降下攻撃を仕掛けて撃破する。

↑右拳から繰り出すストレートパンチで、エボルトの胸部を攻撃。

ハザードトリガーとフルフルラビットタンクボトルで変身。手足を自在に伸ばして攻撃。

タンクタンクフォーム

↑フルボトルバスターバスターキャノンモードで敵の装甲を粉砕。

↑超重量のフルボトルバスターを片手で構え、敵を正確に狙い撃つ。

↑両脚部の高速無限軌道装置を使い､荒れ地を戦車のように突き進む。

高い戦闘力を誇り、両肩の大砲を使用した遠距離攻撃や、怪力格闘戦を得意としている。

ジーニアスフォーム

↑右足から繰り出すストレートキックで、敵の戦闘力を低下させる。

↑全フルボトルのパワーを発揮し、奇跡的な攻撃や超能力を見せた。

↑敵の弱点を一瞬で発見し、強烈なパンチの一撃で止めを刺す。

ジーニアスフルボトルを用いて変身する、ビルドの最強形態。全身に配置されたフルボトルを発動させることで瞬時に加速し、強敵を撃破する。

クローズビルドフォーム

↑変身当初は体のコントロールに問題が生じたが、戦闘の中で2人の力が徐々にシンクロしていった。

戦兎が龍我と合体して変身する新たなベストマッチ形態。空中飛行能力を駆使し、仮面ライダーブラッドと対決した。

万丈龍我

（出演／赤楚衛二）

無実の罪を負わされた、元格闘家！

↑常に東都の隊員やガーディアンに狙われており、命の危険も多い。

↑服役中にファウストの人体実験を受け、スマッシュになっている

↑当初は自分の冤罪を晴らすことを優先し、そのために戦兎と対立したことも。

↑システマの格闘家だったが、恋人の治療費を稼ぐため、八百長をしてしまう。

↑専用のオートバイに乗り、スマッシュに突進攻撃を仕掛けた。

↑恋人に対してもぶっきらぼうな態度をとるが、実は優しい性格。

↑直情的な熱血漢で、変身前でもスマッシュに敢然と挑んでいく。

→学生服姿になり、引きこもっていた美空を外に連れ出そうとする。

↑自分をかばって倒れた鷲尾 風（リモコンブロス）の最期を看取る。

↑作業員やピエロなどに変装し、ビルドの武器を駆使して敵と闘う

↑自分の意思を汲んでくれる戦兎を次第に信頼するようになり、事件の真相を突き止めるため、彼に協力することを決意。

戦兎の最大の理解者！

元格闘家の青年。葛城 巧の殺害容疑で無実の罪を負わされたが、刑務所を脱獄。戦兎と出会い、仮面ライダークローズに変身して悪に挑んだ。体内にエボルトの遺伝子を有している。

強烈な攻撃を繰り出す！

万丈龍我がビルドドライバーにドラゴンフルボトルがセットされたクローズドラゴンを装填して変身する基本形態。全身に漲るドラゴンの戦闘力・能力を活かした強烈な攻撃で敵を粉砕する。

↑感情が高まると全身に炎を纏い、強力パンチを放つことができる。

↑専用武器のビートクローザーにフルボトルを装填。敵を斬り裂く。

↑クローズマグマナックルを装着した右拳で、敵を空中に突き上げる。

仮面ライダークローズチャージ

↑タカフルボトルの力で背中に翼を実体化させ、空中を飛行したこともあった。

スクラッシュドライバーとドラゴンスクラッシュゼリーで変身。ドラゴンの戦闘力を最大限に発揮できる。

仮面ライダークローズマグマ

↑マグマのパワーをフルに発揮。全身から高熱を放射しながら敵に鉄拳を見舞う。

ドラゴンマグマフルボトルとクローズマグマナックルで変身。マグマの力が漲っている。

仮面ライダーグレートクローズ

グレートドラゴンエボルボトルとグレートクローズドラゴンで変身。格闘力が向上した。

仮面ライダークローズエボル

龍我がビルドドライバーとマッスルギャラクシーフルボトルで変身する、新たな形態。

ドラゴンの力を活かした格闘戦を展開！
仮面ライダークローズ

↑空中から素早く急降下。スマッシュの弱点に必殺キックを放つ。

猿渡一海

（出演／武田航平）

北都の農園、“猿渡ファーム”の元経営者！

↑優れた身体能力の持ち主であるが、方向音痴という弱点をもつ。

↑普段はふざけた行動をするが、戦士としての資質はかなり高い。

↑グリスに変身し
自身の敵となった
あらゆる存在に敢
然と挑んでいく。

↑変身前でもスマッシュに対抗できるほどの怪力を活かし、強烈なパンチで攻撃する。

↑農園の従業員だった北都三羽ガラスの１人が倒れ、悲しみのあまりに激高した。

↑故郷や仲間を思う気持ちは強く、絶命した三羽ガラスのために戦兎たちと手を組む。

↑オウルロストスマッシュとなった北都の多治見喜子と対戦。最後は彼女の命を救う。

↑エボルトとの対決で幾度となく危機に陥るが、その度に不屈の闘志で立ち上がった。

↑新世界でカフェを経営する美空に見惚れていたが、逆プロポーズされて思考停止した。

自ら人体実験を受け、戦士となった！

元々は北都の地主で“猿渡ファーム”という農園の経営者だったが、スカイウォールの影響で困窮した従業員を救うために自ら人体実験を受け、北都の戦士・仮面ライダーグリスとなって東都に現れた。

↑戦争を「祭り」と称する食わせ者的な一面を見せるが、実は沈着冷静なリアリストであった。

仮面ライダーグリス

北都から来た戦士！

↑素早い動きで高く跳躍。敵に激突して激しい戦闘を繰り広げた。

↑エネルギー散弾を放ち、エンジンブロス、リモコンブロスを牽制。

↑素早く移動しながら敵の一瞬の隙を衝き、弱点にキックを決めて止めを刺す。

↑空中回転の勢いを利用したトリッキーな攻撃で、地上の敵を倒す。

仮面ライダーグリス（パワーアップ）

ドラゴンスクラッシュゼリーで変身した強化形態。両手にツインブレイカーを装備。

仮面ライダーグリスブリザード

ノースブリザードフルボトルとグリスブリザードナックルで変身。吹雪の力を有する。

↑グリスの最終形態とも言える戦士で、スピードとパワーが強化された。

仮面ライダーグリスパーフェクトキングダム

グリスフルボトルとグリスパーフェクトキングダムで変身した、グリスの新たな姿。両腕に鋭い剣を装備している。

手の平からゼリーを発射！

猿渡一海がスクラッシュドライバーとロボットスクラッシュゼリーで変身。両手の平からゼリーを発射し、敵の頑丈な装甲や武器をも破壊する。

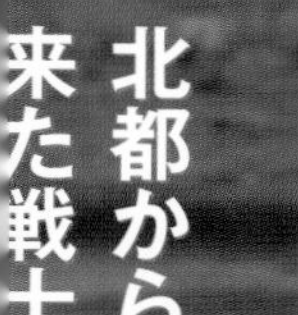

当初は三羽ガラを従えてビルドと対立したが、に仲間となってボルトに挑んだ。

氷室幻徳

（出演／水上剣星）

元東都政府首相補佐官！

↑女性に対しては軟派な一面もあり、研究所の取材に訪れた滝川紗羽を口説こうとした。

↑自身がナイトローグであることを隠蔽するため、陰謀を企てる。

↑スカイウォールの惨劇後、東都に保管されていたパンドラボックスの秘密を解明しようとした。

↑東都の隊員やガーディアンを従え、邪魔な存在を排除していく。

↑密かにネビュラガスの実験をした葛城 巧を東都先端物質学研究所から追放する。

↑東都から追放されたが、仮面ライダーとなって父の前に現れた。

↑仮面ライダーローグの力を得るため、西都で危険な人体実験に志願した。

↑グリスのパンチを受けても怯まず、その力・能力を冷静に分析。

↑父が絶命した後、自分が戦争を引き起こしたことに責任を感じ、正義のために闘うことを決意した。

↑戦兎たちの仲間になってからは「ゲンさん」や「ヒゲ」と呼ばれ、親しまれた。

ファウストの幹部、ナイトローグとしても暗躍

東都政府首相補佐官と東都先端物質学研究所の所長だった人物。当初はファウストの幹部・ナイトローグとして暗躍したが、仮面ライダーローグとなって正義の闘いを開始する。

↑東都の軍事力を増強するため、ファウストの力を利用していた。

仮面ライダーローグ

ビルドの強敵だったが、やがて味方となる!

ナイトローグ

幻徳がトランスチームガンとバットフルボトルで変身。空中を飛行し、敵を翻弄する。

↑幹部としてファウストに君臨し、様々な計画を実行した。

↑パンドラボックスに対する考えでブラッドスタークと対立。

↑エボルトとの闘いで危機に陥るが、人人の声援を受けて立ち上がる。

クローズ、グリス以上の戦闘力を発揮!

氷室幻徳がスクラッシュドライバーとクロコダイルクラックフルボトルで変身。クローズやグリス以上の戦闘力を発揮してビルドの前に立ち塞がったが、やがて仲間となった。

↑当初、西都のガーディアンたちを指揮して北都を奇襲。総攻撃で多大な被害を与えた。

↑ビルドら３人の仮面ライダーを相手に互角の闘いを展開。戦闘の実力を見せつける。

↑シザーズロストスマッシュと空中跳躍戦を繰り広げ、凄まじい破壊力の鉄拳を見舞う。

↑強力なハードガーディアン２体の攻撃にも怯まず、キックとスチームブレードで対抗。

大爆発の中から登場し、ビドたちと共に敵めがけて必キックを打ち込む。

仮面ライダープライムローグ

ビルドドライバーとプライムローグフルボトルの力で変身する新形態。エボルと互角の戦闘力を発揮できる。

内海成彰

幻徳の元秘書！

（出演／越智友己）

↑難波重工が主宰する機関"難波チルドレン"の一員で、会長の腹心だった。

↑ブラッドスタークの力で復活。人体実験を望む幻徳の真意を確かめようとする。

↑西都の首相に成り替わった難波会長の指示で実験を行う。

↑会長の命を奪ったエボルトを倒すため、従うふりをしていた。

エボルトに忠誠を誓う！

幻徳の秘書だったが、無実の罪で追放され、その後は難波重工の窓口として活動。エボルトに忠誠を誓い、仮面ライダーマッドローグの力を得る。

仮面ライダーマッドローグ

エボルトの配下として暗躍！

最終的にはローグと共闘！

内海成彰がエボルドライバー（マッドローグ Ver.）とバットフルボトル、エンジンフルボトルで変身。エボルトの配下として暗躍したが、最後はローグと共闘。

フェーズ2

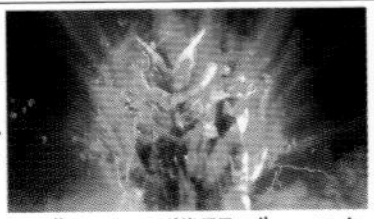

エボルトの戦闘データを解析してパワーを強化。体から赤いエネルギーを放出。

フェーズ3

戦闘力がさらに強化された形態。凄まじいまでのパワーが各部に張っている。

フェーズ4

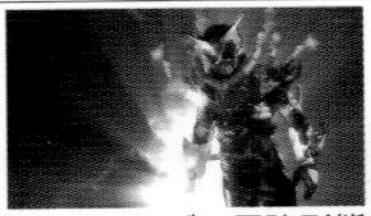

マッドローグの最強形態だが、パワーが限界に達し、戦闘不能に陥ってしまう。

↑容赦ない攻撃を繰り返し、ガーディアンを徹底的に破壊した。

フェーズ1

石動惣一

元宇宙飛行士で美空の父！

（出演／前川泰之）

↑宇宙飛行士として火星へ着陸。その際、パンドラボックスを発見する。

↑フルボトルを収集してパンドラボックスを完全なものにするため、暗躍した。

エボルトに憑依された男！

美空の父でnascitaのマスター。エボルトに憑依されており、ファウストのブラッドスタークや仮面ライダーエボルに変身。戦兎たちの前に立ち塞がる。

（出演／赤楚衛二）（出演／犬飼貴丈）

エボルトが龍我と戦兎に憑依した状態。エボルのフェーズ2と3に変身。

エボルト

怪人態

黒いパンドラパネルを体内に取り込んだエボルトが、パワーを解放した姿。

エボルティグラスパー装着

エボルトが両腕にエボルティグラスパーを装着し、攻撃力を強化した中間形態。

究極態

エボルトがロストフルボトルを揃え、月と地球の一部を吸収。超進化した姿。

パンドラボックスのエネルギーを最大限に発揮！

地球外生命体エボルトが人間に憑依、または擬態して変身した姿。パンドラボックスのエネルギーを最大限に発揮し、敵を撃滅する。

ブラッドスターク

ファウストの幹部で、エボルトに憑依された石動惣一が変身した強敵。

コブラフォーム（フェーズ1）

本来の2％しかパワーを発揮できないが、猛毒や火球を使って攻撃を仕掛けてくる。

ドラゴンフォーム（フェーズ2）

龍我の体内にある自身の遺伝子を取り戻すため、彼に憑依したエボルトが変身した姿。

ラビットフォーム（フェーズ3）

エボルトに憑依された戦兎が変身。エボルトリガーの起動を画策し、ローグと対決する。

仮面ライダーエボル

地球外生命体エボルトの戦力！

ブラックホールフォーム（フェーズ4）

エボルの最強形態。ブラックホールを自在に操り、地球を一瞬で滅ぼすほどの力をもつ。

ベストマッチ!!

記憶のない男！ そして逃亡者！

←東都の街に出現する怪物・スマッシュを倒すため、正体不明のヒーロー、ビルドが活躍を続けていた。

↑刑務所から脱獄した万丈龍我を追った桐生戦兎は、人体実験の事実を知る。

↑仮面ライダービルドに変身した戦兎は、龍我を捕らえようとするガーディアンを撃破。

ビルドとクローズの活躍により、ファウストの計画は次々と打ち砕かれていったが？

↑暗躍するファウストの2大幹部も、本格的な計画を推し進める。

↑敵の戦闘力に合わせて様々なベストマッチに変身し、対抗した。

↑敵のアジトに突入したビルドは、ブラッドスタークと激戦を展開。

↑スパークリングフォームに変身。強敵・ブラッドスタークを退ける。

↑龍我が変身した仮面ライダークローズと協力し、2大幹部に挑む。

↑北都の戦士・仮面ライダーグリスが3体のスマッシュと共に出現。

↑ハザードフォームの力を抑えることができず、暴走してしまう。

地球外生命体エボルトとの闘い！

記憶喪失の天才物理学者・桐生戦兎と逃亡者の万丈龍我は仮面ライダーの力を使い、謎の組織ファウスト、その陰に潜地球外生命体エボルトとの果てしない闘いに立ち向かう……

→西都の戦士となった氷室幻徳が、仮面ライダーローグに変身。ビルドたちに襲い掛かる。

↑闘いの最中、ローグからパンドラボックスの秘密を聞かされ、ショックを受ける。

→フルフルラビットタンクボトルを開発した戦兎は、2大強化戦士の力でローグに対抗。

↑クローズマグマの力を得た龍我は、エボルトが変身した仮面ライダーエボルと対決。

→エンジンブロスとリモコンブロスも、グリスとの共闘で後退させた。

↑戦兎に憑依したエボルトは、エボル ラビットフォームに変身し、襲ってくる。

↑エボルトの支配を逃れた戦兎だったが、今度は完全体となったエボルに苦しむ。

↑ビルドの仲間となったローグは、仮面ライダーマッドローグと激戦を展開。

↑戦兎の父、葛城 忍が変身したビルドが出現し、クローズに攻撃を仕掛けてきた。

↑エボルトが擬態した昔の仲間と対決するため、一海はグリスブリザードに変身。

↑ビルドの攻撃で次第に弱体化していったエボルトに、止めの一撃を放つ。

→ビルドの活躍でエボルトが存在しない新世界が構築され、平和が戻る。しかし、戦兎と龍我は人々の記憶から消えてしまうのだった。

←北都のグリスとの闘いを前に、ブラッドスターク(石動惣一)の特訓を受けるが……。

↑エンジンブロスに挑むため、再びハザードフォームに変身。

↑苦戦する猿渡一海(グリス)らを救出。共闘して敵と対決した。

マシンビルダー

ビルドフォンから変形する高性能マシン！

回転光刃で物体を切断！

ビルドの高性能バイク。フロントギアライトから回転光刃を発生させて物体を切断し、高いジャンプ力で敵を攻撃する。

↑ウイリー走行状態で突進。前輪で敵の体に打撃を加えたこともあった。

↑爆発を素早く回避。また、高性能通話システムやレーダーマップを搭載。

↑車体をジャンプさせて突進。敵の集団を蹴散らし、戦力を分散させる。

ビルドフォン

スマートフォン型の可変アイテム。
イオンフルボトルを
装填し、マシンビ
ダーへと変形。

主要登場人物

石動美空（出演／高田夏帆）

惣一の愛娘。フルボトルを精製する特殊能力をもつ。

滝川紗羽（出演／滝 裕可里）

ビルドなどの取材を続けるフリージャーナリスト。

葛城 巧（出演／木山廉彬）

戦兎の真の姿で、東都先端物質学研究所の所員だった。

佐藤太郎（出演／犬飼貴丈）

戦兎に瓜二つの青年。1年前に行方不明となった。

小倉香澄（出演／伊藤梨沙子）

龍我の恋人。病気がちで
手術を受ける必要があった

氷室泰山（出演／山田明郷）

東都政府の首相で幻徳の父。平和的な解決を望む。

難波重三郎（出演／浜田 晃）

難波重工の会長。武器の製造・密売に手を染める。

多治見喜子（出演／魏 涼子）

北都政府の首相。野心家で東都へ宣戦布告をした。

御堂正邦（出演／冨家規政）

西都政府の首相。密かにブラッドスタークと協力。

鰐淵晴彦（出演／見雪太亮）

ブラッドスタークに選ば
れ、ローグになるはずだった

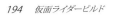

仮面ライダービルド（プロトタイプ）

葛城 忍が変身！

ラビットタンクフォーム

（出演／小久保丈二）
葛城 忍

巧の父でライダーシステムの開発者。エボルトに対抗していた。

ある意味で真のビルド！

葛城 忍が変身した戦士の基本形態で、ある意味では真のビルド。驚異的な力を発揮し、敵を攻撃。

海賊レッシャーフォーム

海賊と電車のフルボトルで変身。カイゾクハッシャーで攻撃する。

ホークガトリングフォーム

タカとガトリングのフルボトルで変身。急降下攻撃を仕掛ける。

ニンニンコミックフォーム

忍者とコミックのフルボトルで変身。分身術などの忍法を使う。

仮面ライダーブラッド

ブラッド族の1人が変身！

（出演／勝村政信）
伊能賢剛

東都の新都知事で、その正体は地球外生命体・ブラッド族の1人。

↑ジーニアスフォームを倒し、地球の核の破壊を画策。

人類を襲う地球外生命体！

伊能賢剛に擬態したブラッド族の1人が変身。体内にロストスマッシュ2体と龍我を取り込んでいる。

仮面ライダーキルバス

ブラッド星の王！

（出演／進藤 学）
キルバス

ブラッド星の王でエボルトの兄。ダンサーの柿崎悟志に擬態していた。

↗ビルドに変身し、エボルトの遺伝子をもつ龍我を攻撃する。

全宇宙の破壊を企てる！

キルバスが変身した戦士で、地球の破壊が目的。背面から蜘蛛の足を伸ばして攻撃し、自身の細胞でクローンスマッシュを生み出す。

仮面ライダーメタルビルド

ハザードフォームの進化形態！

（出演／趙 珉和）
浦賀啓示

過激派テロ組織・ダウンフォールの一員。ロストフルボトルの実験中に重傷を負った。

仮面ライダーファントムビルド

メタルビルドがラストパンドラパネルホワイトを吸収。ファントムクラッシャー3と合体した姿。

高い攻撃力と防御力を有する！

浦賀啓示が変身した、ハザードフォームをさらに進化させた悪の戦士。超高速移動能力を駆使し、グリスと激戦を繰り広げる。

スマッシュ、ガーディアン、怪人

スマッシュは人間にネビュラガスを注入して誕生する怪人で、ハードスマッシュ、ハザードスマッシュは強化型。ガーディアンは難波重工が製造した機械兵で、治安維持の目的で配備されている。

ニードルスマッシュ

実験体の青年が変身。鋭い嘴を使った刺突や、腕部の刃を用いた切断技を使う。

ストロングスマッシュ

志水恭一が変身。厚い装甲で攻撃を受け止め、パワーアームで鉄拳技を放つ。

ガーディアン（東都Ver.）

東都政府が運用するタイプ。セーフガードライフルで敵を攻撃する。

バーンスマッシュ

小倉香澄が変身。体内で高熱を生成し、スマッシュバーナーから火球を発射する。

ガーディアン（合体状態）

数十体のガーディアンが変形・合体した形態。巨体と重量で敵を粉砕。

フライングスマッシュ

（第3話）

木根礼香が変身。両腕の翼で飛行し、翼端の爪を使って高速格闘攻撃を展開。

フライングスマッシュ

（第9話）

桑田真吾が自らネビュラガスのボトルを使って変身。素早い攻撃で敵を襲撃する。

ミラージュスマッシュ

鍋島正弘が変身。分身体を生む器官を備え、専用剣を利用した集団剣技を実行。

スクエアスマッシュ（不完全状態）

鍋島正弘が再び変身した、スクエアの不完全状態。空間を自在に操る力をもつ。

スクエアスマッシュ

スクエアの完全態。右腕で空間移動ゲートを作り、死角から敵を襲う。

ガーディアン（ファウストVer.）

ファウスト指揮下の機械兵。セーフティパネルがなく、自爆が可能。

プレススマッシュ

岸田立弥が変身。強力なプレス装置を備え、両腕で敵を圧縮する。

アイススマッシュ

雄彦が変身。体内で氷を生成し、氷柱状の矢を大量に発射して周囲を凍結させる。

ストロングスマッシュハザード

（第8話）

葛城京香が変身。装甲強度と格闘攻撃力など、戦闘力が飛躍的に向上している。

ストロングスマッシュハザード

（第15話）

北都が操るハザードスマッシュ。怪力を活かした格闘技で敵を粉砕。

ストロングスマッシュハザード

（第17話）

東都に出現したハザードスマッシュ。避難所を襲撃し、一海に敗れる

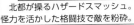

ストロングスマッシュ

（7つのベストマッチに登場）

ビルド フェニックスロボフォームと対決した個体。全身の装甲で攻撃を防ぐ。

プレススマッシュハザード

（第10話）

河合栄多が変身。怪力を発揮してブラッドスタークに挑むが、返り討ちに遭う。

プレススマッシュハザード

（第16話）

東都を襲撃したスマッシュ。フライングスマッシュハザードと行動を共にする。

ストレッチスマッシュ

滝川紗羽が変身。体に巻き付けた、硬化ゴムを伸縮させ、敵を叩きのめす。

カイザー

ビルドの世界に住む最上魁星が、ネビュラスチームガンとギアリモコンで変身。

カイザーリバース

エグゼイドの世界に住む最上魁星が変身。ネビュラスチームガンで敵を攻撃。

バイカイザー

並行世界に存在する２人の最上が、融合・変身した姿。不老不死の力を求める。

Xガーディアン

エニグマから出現した財団Xの機械兵。大群で現れ、仮面ライダーたちを攻撃。

ストレッチスマッシュハザード

東都の隊員がネビュラガスの影響でスマッシュ化した。攻撃力が大幅に強化。

フライングスマッシュハザード

（第16話）

北都のガーディアンと共闘し、東都を襲ったハザードスマッシュ。爪が武器。

フライングスマッシュ

（7つのベストマッチに登場）

ビルド ローズコプターフォームと対決した。両翼の一撃で物体を粉砕する。

ガーディアン（北都Ver.）

北都政府が運用するタイプで、青いセーフティパネルが特徴。銃撃戦を展開。

キャッスルハードスマッシュ

北都三羽ガラスの赤羽が変身。両肩に可動式防壁、頭部に砲撃ユニットを装備。

スタッグハードスマッシュ

北都三羽ガラスの青羽が変身。両手に構えた刀を使い、高速切断技を繰り出す。

オウルハードスマッシュ

北都三羽ガラスの黄羽が変身。空中から高速突撃し、両腕の球体で敵の体を叩く。

キャッスルハザードスマッシュ

キャッスルハードスマッシュの強化型。砲撃の威力や可動式防壁の強度が増大。

スタッグハザードスマッシュ

スタッグハードスマッシュの強化型。剣技の威力や甲冑強度がアップしている。

オウルハザードスマッシュ

オウルハードスマッシュの強化型。飛行速度や索敵能力、装甲強度がアップ。

ガーディアン（西都Ver.）

西都政府が運用するタイプで赤いセーフティパネルが特徴。ジャケットを着用。

ハードガーディアン

難波重工が開発した重装仕様の戦士。ガトリングガンやシールドクローを装備。

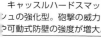

ハードガーディアン（合体状態）

数十体のハードガーディアンが変形・合体した形態。機銃などで攻撃。

リモコンブロス

鷲尾 風（出演／足立理）

鷲尾 風が変身した姿。銃撃戦が得意で、遠方狙撃で敵の装甲を破壊。

エンジンブロス

鷲尾 雷（出演／奈須田雄大）

鷲尾 雷が変身した姿。スチームブレードを駆使した剣術で攻撃する。

ヘルブロス

鷲尾 風が変身した姿。2体のブロスがもつ戦闘力・能力を発揮できる。

プレスクローンスマッシュ（第31話）

難波重工のクローン技術で誕生。ボディフレームの強化で性能が向上。

プレスクローンスマッシュ（第40話）

オウルロストスマッシュに取り込まれた個体。長時間の戦闘が可能。

プレスクローンスマッシュ（第42話）

仮面ライダーエボルの指揮下に入り、東都の政府官邸を襲撃した個体。

ストレッチクローンスマッシュ（第31話）

ストレッチスマッシュハザード4体分に匹敵する戦闘力を発揮できる。

ストレッチクローンスマッシュ（第40話）

プレスと共にオウルロストスマッシュの体内に取り込まれてしまった。

ストレッチクローンスマッシュ（第42話）

内海の指揮で出現した。ビルド ジーニアスフォームに攻撃を仕掛ける。

ストロングクローンスマッシュ（第33話）

格闘力に優れ、ストロングスマッシュハザード4体分の怪力を発揮できる。

ストロングクローンスマッシュ（第36話）

西都に操られ、東都を襲ったクローンスマッシュ。強いパンチを放つ

ストロングクローンスマッシュ（第41話）

フライングと共にスタッグロストスマッシュの体内に取り込まれた。

ストロングクローンスマッシュ（第43話）

怪力戦闘を繰り広げた後、CDロストスマッシュに取り込まれた個体。

フライングクローンスマッシュ（第36話）

フライングスマッシュハザード4体分に匹敵する戦闘力を誇り、飛行速度も大幅に強化されていた。

フライングクローンスマッシュ（第41話）

スタッグロストスマッシュに取り込まれた。高い飛行能力をもつ。

フライングクローンスマッシュ

（第42話）

2体のハードガーディアンと共に、クローズマグマを攻撃した。

フライングクローンスマッシュ

（第45話）

片腕だけが翼になっている個体。鋭い爪で敵の装甲を引き裂く。

オウルロストスマッシュ

多治見喜子（出演／魏 涼子）

高濃度のネビュラガスを投与された多治見喜子が変身した姿。

スタッグロストスマッシュ

志水恭一（出演／山崎将平）

志水恭一が変身。接近戦に優れた強襲突撃型で、切断技が得意。

スタッグロストスマッシュ（擬態）　キャッスルロストスマッシュ（擬態）　オウルロストスマッシュ（擬態）

エボルトから分離した細胞が擬態した赤羽、青羽、黄羽が変身するロストスマッシュ。グリスを襲撃した。

（出演／栄信〔赤羽〕芹澤興人〔青羽〕吉村卓也〔黄羽〕）

青羽、赤羽、黄羽（擬態）

CDロストスマッシュ

石動美空（出演／高田夏帆）

高濃度のネビュラガスの力で石動美空が変身。鋭い円盤光刃を放つ。

ストロングスマッシュ（ホログラム）

内海が用意したホログラムのストロングスマッシュ。戦闘テストに使われた。

ストレッチスマッシュ（ホログラム）

エボルの戦闘テストに使用された、ホログラムのストレッチスマッシュ。

ゼブラロストスマッシュ

郷原光臣（出演／藤井 隆）

西都知事の郷原光臣に擬態したブラッド族の1人が変身した姿。

シザーズロストスマッシュ

才賀涼香（出演／松井玲奈）

北都知事の才賀涼香に擬態したブラッド族の1人が変身したもの。

ネビュラヘルブロス

難波重工の被験者が変身。ヘルブロスの戦闘データから生み出された。

クローンヘルブロス

感情をもたないクローン素体が変身。自身を透明化して敵を攻撃する。

シザーズロストスマッシュ

馬渕由衣（出演／永尾まりや）

ロストボトルの実験台にされた馬渕由衣が変身した姿。

クローンスマッシュ

キルバスの体から飛び散った遺伝子が擬態したクローンスマッシュ。オリジナルと同等の戦闘力・能力をもつ。

ゼブラロストスマッシュ

浦賀啓示が変身。ガーディアンの火炎攻撃で消滅する。

浦賀啓示（出演／趙 珉和）

ファントムクラッシャー

サイモン・マーカス（出演／マイケル富岡）

ダウンフォールのメンバーたちが変身。1～5の個体が登場した。

ガーディアン（ダウンフォールVer.）

ダウンフォールの兵士。集団でグリスパーフェクトキングダムを襲う。

2018年(平成30年)9月2日〜2019年(令和元年)8月25日放

仮面ライダージオウ

KAMEN RIDER ZI-O

「俺は仮面ライダーの王となる!」

制作スタッフ
原作/石ノ森章太郎　スーパーバイザー/小野寺
(石森プロ)　チーフプロデュース/佐々木 基(テ
ビ朝日)　プロデュース/井上千尋(テレビ朝日)・
倉伸一郎・武部直美(東映)・菅野あゆみ　プロデュ
サー補/小出大樹(東映)　脚本/下山健人・毛利
宏・井上敏樹　監督/田﨑竜太・中澤祥次郎・坂
浩一・諸田 敏・柴﨑貴行・上堀内佳寿也・山口恭平
杉原輝昭・田村直己(テレビ朝日)　特撮監督/佛
洋(特撮研究所)　アクション監督/宮崎 剛(ジャ
ンアクションエンタープライズ)　音楽/佐橋俊彦　撮影/松村文雄・倉田
治　照明/斗沢 秀・西田文彦・佐々木康雄　ＣＧ制作/特撮研究所　視覚
果/日本映像クリエイティブ　美術/大嶋修一　小道具/東京美工　装置
紀和美建　メイク/サンメイク　衣裳/東京衣裳　助監督/大峯靖弘・近
孔明・荒川史絵・宮崎 駿・作野良輔・竹内祐一・小波津 靖・武富勇太・高
隆史・坂井孝太朗・植本英之・塩川純平・谷口昌史・安川徳寛・加藤千尋
平舘銀河・横田滉介・佐藤音二郎　編集/金田昌吉　MA/曽我 薫　選曲
金成謙二　音響効果/大野義彦　キャラクターデザイン/田嶋秀樹・ＰＬ
Ｘ　クリーチャーデザイン/出渕 裕・篠原 保　造型/ブレンドマスター
ラインプロデューサー/下前明弘　制作/テレビ朝日・東映・ＡＤＫ

常磐ソウゴ

（出演／奥野 壮）

「王様になる」という夢を抱く、ポジティブな青年！

↑行動的な性格で闘いのために様様な技術を学ぶ。運動神経もよい。

↑タイムジャッカーとの闘いのなか、2068年から来たツクヨミやゲイツと協力するようになった。

↑理系は苦手だが、歴史は得意で記憶力もよい。自転車の愛好家。

↑当初は〝未来の魔王〟になる存在としてゲイツに命を狙われる。

↑2000年４月28日生まれ。仲間たちによって生誕祭が開催された。

↑未来の自身が送り込んだ戦士・カッシーンに敢然と立ち向かう。

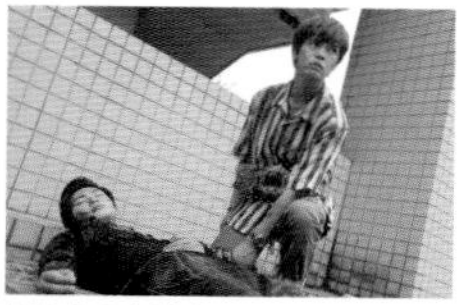

↑自身の身代わりとなって倒れたゲイツに、真の友情を感じる。

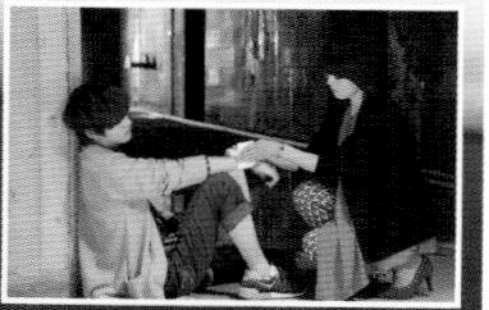

↑初恋の女性・北島祐子との対決は、ソウゴにとって辛い記憶に。

未来人のウォズから託さ
たジクウドライバーで、
面ライダージオウに変身。

←ジオウの力を使い、アナザーライダーの出現によって乱れた時を正そうとする。

ライドウォッチ

歴代ライダーの力が秘められたウォッチデバイスで、変身やライダーアーマー装着、必殺技の発動に使用。

最高・最善の王を目指す！

光ヶ森高校に通う高校３年生。〝50年後に魔王として世界に君臨する〟という運命を抱えているが、逆に人々の幸せを実現する〝最高・最善の王〟になろうと決意を固めた。

仮面ライダージオウ

歴代ライダーの力を宿したアーマーを装着！

アナザーライダーから人類を防衛する！

常磐ソウゴが、ジクウドライバーとジオウライドウォッチの力で変身する戦士の基本形態。歴代ライダーの力を宿したアーマーを装着する特殊能力を活かし、アナザーライダーの攻撃から現代世界を防衛する。

↑ジカンギレード ケンモードを駆使してアナザーライダーに挑む。

↑正義の戦士だが、50年後にオーマジオウとなる運命を抱えていた

→仮面ライダーゲイツと共闘し、タイムジャッカーが起こす事件を解決していく。

→新たな力を得るたびにウォズから祝福を受けるが、当人は困惑していた。

→素早く鉄拳を放ち、アナザーライダーの戦闘力を一気に低下させて必殺技を炸裂させる。

→ジカンギレード ジュウモードを構え、遠方のターゲットを正確に狙い撃つ。

→アナザーライダーの攻撃を高い跳躍で回避し、素早く反撃に転じて止めを刺す。

→全身に漲る怪力でアナザーライダーの動きを封じ、ジカンギレードで斬る。

→2068年の世界で未来の自分と対決したが、苦戦を強いられてしまう。

ビルドアーマー

↑右腕に装備したドリルを回転させ、敵の体を突き破ってしまう。

ジオウがビルド ラビットタンクフォームの戦闘力を秘めたライダーアーマーを装着した姿。

エグゼイドアーマー

↑両腕に装備した巨大なハンマーを突き出し、敵の体を粉々に砕く。

ジオウがエグゼイド アクションゲーマーLV2の戦闘力を秘めたライダーアーマーを装着した姿。

フォーゼアーマー

ジオウがフォーゼ ベースステイツの戦闘力を秘めたライダーアーマーを装着。空中を飛行。

→両腕に装着された副推進器及び姿勢制御装置で、高く上昇する。

オーズアーマー

↑前腕部の手首部分に装備されたトラクローZで、敵を引き裂く。

ジオウがオーズ タトバコンボの戦闘力を秘めたイダーアーマーを装着した姿。跳躍力が自慢。

鎧武アーマー

ジオウが鎧武 オレンジアームズの戦闘力を秘めたライダーアーマーを装着した姿。２本の大刀を使う。

→両手に構えた大橙丸を振り回し、アナザーライダーを追い詰めた。

ゴーストアーマー

↑トリッキーな動きからパンチを繰り出し、敵の弱点を破壊した。

ジオウがゴースト オレ魂の戦闘力を秘めたライダーアーマーを装着した姿。変幻自在に攻撃する。

ダブルアーマー

↑頑丈な装甲で敵の攻撃を跳ね返し、強烈なパンチを打ち込む。

ジオウがW《ダブル》 サイクロンジョーカーの戦闘力を秘たライダーアーマーを装着した姿。風を操る。

クウガアーマー

↑高い破壊力を秘めたキックで、アナザー響鬼の音撃棒攻撃に対抗。

ジオウがクウガ マイティフォームの戦闘力を秘めたライダーアーマーを装着。格闘戦が得意。

仮面ライダージオウ（ミラーワールドバージョン）

鏡の世界に現れたソウゴが変身した戦士で、顔の文字などが反転。戦闘力はジオウと同等。

常磐ソウゴ（ミラーワールドの住人）

（出演／奥野壮）

↑鏡の世界のソウゴ。ジオウライドウォッチⅡの完成に関わる。

ディケイドアーマー

ジオウがディケイドの戦闘力を秘めたライダーアーマーを装着した姿。歴代ライダーの強化形態の姿にフォームチェンジできる。

↑ライドヘイセイバーを駆使した剣技で、一撃のもとに強敵を倒す。

↑ディケイドフォームの全戦力を発揮し、オーマジオウに挑んだが？

↑優れた格闘力を発揮し、強烈なキックやパンチで敵の集団を撃破。

ディケイドアーマー エグゼイドフォーム R

ジオウがエグゼイド ダブルアクションゲーマーＬＶ《レベル》ＸＸ《ダブルエックス》Ｒのライダーアーマーを装着した姿。

↑敵を倒すことを最大の目的とし、ダイナミックな攻撃を仕掛けた。

ディケイドアーマー エグゼイドフォーム L

ジオウがエグゼイド ダブルアクションゲーマーＬＶＸＸＬのライダーアーマーを装着した姿。

↑人命を守ることを使命と考えており、現場から敵を遠ざけて闘う

ディケイドアーマー オーズフォーム

ジオウがオーズ タジャドルコンボのライダーアーマーを装着した姿。空中からの攻撃が得意。

↑地上でも超高速移動が可能。一瞬で敵の弱点にキックを決める。

ディケイドアーマー ビルドフォーム

ジオウがビルド ラビットタンクスパークリングフォームのライダーアーマーを装着した姿。

↑ライドヘイセイバーとドリルクラッシャークラッシャーを振る

ディケイドアーマー ゴーストフォーム

↑ライドヘイセイバーを使用したトリッキーな剣技で、アナザーライダーを撃破。

ジオウがゴースト グレイトフル魂のライダーアーマーを装着した姿。パーカーゴーストを召喚する。

ディケイドアーマー 龍騎フォーム

↑ライドヘイセイバーやドラグブレードなどを使い、強敵のオーディンに対抗。

ジオウが龍騎サバイブのライダーアーマーを装着した姿。二刀流攻撃で敵を追い詰めていく。

ディケイドアーマー セイバーフォーム

ジオウがセイバー ブレイブドラゴンのライダーアーマーを装着した姿。剣に炎を纏わせた技で敵を斬り裂く

仮面ライダージオウII

↑２種の剣を合体させたサイキョージカンギレードで強敵に対抗。

↑高い跳躍力を活かし、敵と凄まじいまでの空中戦を繰り広げていく。

ジオウの強化形態。時間を逆行させる力や、未来を予知して敵の攻撃を躱す能力を有する。

仮面ライダージオウトリニティ

↑意識空間の中で、長針が指し示した人物が攻撃の主導権を握る。

↑ジオウ、ゲイツ、ウォズの全武器を使って必殺技を発動する。

光となったゲイツとウォズがジオウと一体化し、誕生した強化形態。３人の意思が融合。

仮面ライダーグランドジオウ

ジオウの最強形態で、全平成仮面ライダーの戦闘力・能力を有している。時を自在に操り、敵に時間差攻撃を仕掛けて止めを刺す。

↑恐るべき破壊力を秘めた必殺パンチで、アナザーディケイドを追い詰める。

↑クウガからビルドまでの戦士と武器を召喚し、強敵に敢然と立ち向かう。

↑ライドヘイセイバーとサイキョーギレードを両手に構え、連続斬りを放つ。

↑右足に全身の力を集中させ、オーマジオウにキックを放って後退させた。

オーマフォーム

ジオウが、時空を超えてオーマジウのパワーを受け継いだ姿。手か衝撃波を放ち、時間を止められる。

仮面ライダーオーマジオウ（2019常磐ソウゴ）

2019年のソウゴがオーマジオウドライバーで変身。全平成仮面ライダーの戦闘力・能力が集約されている。

明《みょう》光《こう》院《いん》ゲイツ

（出演／押田 岳）

50年後の未来から来たレジスタンス！

↑未来の世界では、オーマジオウの恐るべき支配に抵抗していた。

↑目的のためには強引な手段も辞さないが、弱者の命は全力で守る。

↑戦国時代では侍に扮し、クォーツァーの野望に立ち向かった。

↑アナザーライダーの腕を押さえつけ、進撃をくい止めつつ、ライダーに変身。

↑高い格闘力を身につけており、変身前でも強烈なキックで強敵を威嚇する。

→ソウゴに不信感を抱きつつも、クジゴジ堂での生活には徐々に馴染んでいく。

→猪突猛進タイプの熱血漢で、いかなる状況でも怯まず、敵に突進していく。

→当初は、ソウゴを“魔王になる存在”と考えたが、徐々に強い絆を紡いだ。

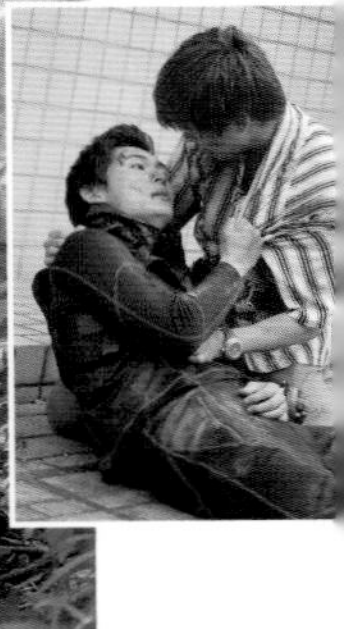

→アナザーディケイドとの最終決戦の際には、致命的な傷を負ってしまった。

ソウゴの命を狙っていた！

2068年のレジスタンスの青年。魔王として覚醒する以前のソウゴを倒すために現代へ来たが、同行するツクヨミに説得され、ソウゴの状況を見守るためにクジゴジ堂の２階で同居を始めた。

仮面ライダーゲイツ

多くの戦闘経験を積んだ歴戦の勇者！

↑闘いのなか、ジオウの仲間となっていったが、時には敵対することも……。

↑全身のエネルギーを右足に収束させた必殺キック・タイムバーストを繰り出す。

↑アナザーライダーの猛攻を素早い空中回転で躱し、反撃のタイミングを模索。

↑腕の怪力でアナザーライダーを捕らえ、強く締めつけて攻撃力を低下させる。

↑京介変身体と力を合わせ、アナザー響鬼の音撃棒攻撃に苦戦しながらも対抗する。

↑超パワーのストレートパンチを打ち込み、アナザーライダーをダウンさせた。

↑目にも留まらぬスピードで回転キックを繰り出し、敵の一部分を痛めつける。

↑アナザーライダーの眼前で高く跳躍。空中から勢いよく突進して止めを刺す。

↑ジカンザックス おのモードでオーマジオウが放ったカッシーンと対決する。

ジオウ以上の攻撃力を有する！

明光院ゲイツが、ジクウドライバーとゲイツライドウォッチで変身する戦士の基本形態。未来世界で多くの戦闘経験を積んだ歴戦の勇者であり、当初はジオウ以上の攻撃力を発揮した。

↑遠方から襲い来る敵には、ジカンザックス ゆみモードで立ち向かう。

ゴーストアーマー

↑トリッキーな動きから放つストレートパンチでジオウを攻撃した。

↑素早い動きで敵の弱点にストレートキックを決め、戦闘力を奪う。

ゲイツがゴースト オレ魂の戦闘力を秘めたライダーアーマーを装着。空中を浮遊できる。

ドライブアーマー

↑敵めがけて突進し、ヒッサツタイムバーストで弾き飛ばす。

↑地上を高速移動し、敵の一瞬の隙を衝いて足払いを決めた。

ゲイツがドライブ タイプスピードの戦闘力を秘めたライダーアーマーを装着した姿。

ファイズアーマー

↑右手にショット５５５を装着。パンチの一撃で敵を空中に飛ばす。

↑脚にファイズポインターＸを装着。エクシードタイムバーストを炸裂させる。

ゲイツがファイズの戦闘力を秘めたライダーアーマーを装着。高い跳躍力を発揮する。

ウィザードアーマー

↑魔法で武器のパワーを増幅し、破壊力を最大化させて敵を攻撃。

↑キックのパワーを魔法で増幅させ、敵を遠方へと吹っ飛ばす。

ゲイツがウィザード フレイムスタイルの魔法力を秘めたライダーアーマーを装着。

ゲンムアーマー

ゲイツがゲンム アクションゲーマーＬＶ２の戦闘力を秘めたライダーアーマーを装着。格闘戦を展開。

ビルドアーマー

ゲイツがビルド ラビットタンクフォームの戦闘力を秘めたライダーアーマーを装着。ドリルで闘う。

エグゼイドアーマー

ゲイツがエグゼイド アクションゲーマーLV2の戦闘力を秘めたライダーアーマーを装着した姿。

仮面ライダー ゲイツリバイブ剛烈

強化形態・ゲイツリバイブのパワーモード。全身に漲る超怪力でアナザーライダーの弱点に集中攻撃を浴びせ、完全に粉砕する。

↑アナザージオウの剣を受け止め、ジカンジャックロー のこモードで攻撃。

↑のこモードの回転カッターで、魔族の頑強な体も簡単に斬り裂いてしまう。

↑アナザージオウの突進を全身で受け止め、怪力攻撃を次々と浴びせる。

↑のこモードを握った右手でパンチを放ち、強敵をも空中へ弾き飛ばす。

↑ジカンジャックロー つめモードを突き出し、アナザージオウの装甲を破壊。

↑軽快な動きから繰り出される強烈なキックで、敵の弱点を攻撃する。

↑つめモードを構えたまま突進。すれ違いざまに敵の体を引き裂いてしまう。

↑スピード戦では、グランドジオウに負けないほどのパワーを有していた。

仮面ライダー ゲイツリバイブ疾風

強化形態・ゲイツリバイブのスピードモード。風のように素早く動き回り、一瞬で敵を撃破。また、高い跳躍力を誇っている。

ウォズ

（出演／渡邊圭祐）

“逢魔降臨暦”を持つストーリーテラー！

↑後に別の未来から来た白ウォズから仮面ライダーウォズに変身する力を奪取し、ソウゴらの闘いに参加した。

我が魔王（ソウゴ）を正しく導く!

未来から来た謎の予言者。逢魔降臨暦を常に携えており、「我が魔王（ソウゴ）を正しく導く」という目的の下、未来を予見するような言葉を呟く。

←時には、ソウゴに尊大な態度を取ることもあったが、次第にひょうきんな人柄に変化していく。

↑超能力を有しており、アナザーライダーの動きを一瞬で止める。

↑ソウゴの協力者だが、タイムジャッカーに加担することもあった。

↑逢魔降臨暦に記されたソウゴの運命を確認しつつ、独自に行動。

↑2068年の世界ではレジスタンスだったが、ある事情で敵に寝返る。

↑オーマジオウとなる運命をソウゴに受け入れさせようとしたが？

↑白ウォズの出現は、ウォズにとって計算外の出来事だったらしい。

白ウォズ

（出演／渡邊圭祐）

オーマジオウが消滅した並行世界の未来から来た、ウォズと瓜二つの人物。

↑不思議なノートに書き記ことで、これから起こるこを現実にする特殊能力をも

↑ゲイツを「我が救世主」呼んで崇拝するが、タイムャッカーとも内通していた

仮面ライダーウォズ

白ウォズから黒ウォズが奪った"力"!

カマ、ヤリ、ツエに
形する武器、ジカン
スピアで敵を攻撃。

ジオウの強敵から協力者へ……!

白ウォズが変身する戦士の基本形態。高い戦闘力でジオウに攻撃を仕掛けてきたが、後に予言者のウォズが変身するようになり、味方となった。

→空中キックを駆使し、強力なアナザーライダーを確実に倒す。

→軽快な動きで敵を翻弄。ジカンデスピアの一撃を放つ。

フューチャーリング シノビ

ウォズが仮面ライダーシノビの戦闘力を秘めた形態に変身した姿。影移動や忍法を多用する。

フューチャーリング クイズ

ウォズが仮面ライダークイズの戦闘力を秘めた形態に変身した姿。敵にクイズを出しながら闘う。

フューチャーリング キカイ

ウォズが仮面ライダーキカイの戦闘力を秘めた形態に変身した姿。人間を自在にコントロール。

仮面ライダーウォズ ギンガファイナリー

宇宙最強の力を持つと言われる、ウォズの強化形態。周囲の重力を自在に操り、ピュアパワーで敵を粉砕する。

ギンガワクセイフォーム

ギンガファイナリーの派生形態。惑星形の破壊光弾を敵に撃ち込む。

ギンガタイヨウフォーム

ギンガファイナリーの派生形態。全身から高熱や火炎を放射できる。

ツクヨミ

（出演／大幡しえり）

ソウゴをサポートする、未来人の女性！

↑ソウゴの強い正義感と未知の力を認め、彼の活動をサポートする。

王家の末裔！

ゲイツと同じ未来の世界から来た女性。過去の記憶を失っていたが、後に王家の娘でスウォルツの妹・アルピナであることが判明。

↑未来では、オーマジオウに対抗するレジスタンスの一員だった。

↑銃に変形するファイズフォンX《エックス》や、専用タブレット端末を携行。

↑仮面ライダーツクヨミに変身し、兄（スウォルツ）の野望に挑む。

仮面ライダーツクヨミ

自身の兄と対決！

↑兄のスウォルツが変身した最強の敵・アナザーディケイドに挑む。

↑素早い動きを活かした攻撃で、アナザーディケイドの進撃を阻止。

↑空中キックを放つがその破壊力は他の仮面ライダーよりも低い。

生体エナジーを高収束させ、光刃を生成！

ツクヨミが変身した戦士。生体エナジーを収束させた光刃・ルミナスフラクターを生成し、敵に鉄拳を放つ。

オーマジオウ

常磐ソウゴの未来の姿！

↑オーマジオウの正体は未来のソウゴで、強大な超能力を発動する

↑2019年のソウゴが変身したグランドジオウと激戦を繰り広げた。

↑オーマジオウとジオウが歴代ライダーたちを召喚し、闘わせる

2068年の「最強・最悪の魔王」

2068年の世界に君臨する最強・最悪の魔王。力と恐怖によって人々を苦しめ、希望のない世界を創り出した。

仮面ライダーシノビ

2022年の並行世界に存在！

神蔵蓮太郎
（出演／多和田任益）

忍術大会で優勝し、賞金を手にしようとするサラリーマン。

↑凶悪な忍者集団と勇敢に闘い、並行世界の平和を防衛していた。

↑暗殺のプロフェッショナルを自任する闇忍を成敗忍法で撃破。

成敗忍法を駆使！

神蔵蓮太郎が変身する、2022年の並行世界に存在する戦士。フィニッシュ忍法やビクトリー忍術を駆使し闘う。

仮面ライダークイズ

2040年の並行世界から来た！

堂安主水
（出演／鈴木勝大）

病床の母に対する愛情を過去の実父に確認するためにやってきた。

↑アナザークイズとの戦闘をタイムジャッカーに妨害されてしまう。

↑ジオウ、ゲイツの連続攻撃にも怯まず、果敢に挑みかかってくる。

○×クイズを出題！

堂安主水が変身する、2040年の並行世界から来た仮面ライダー。○×クイズで相手を拘束し、電撃を浴びせる。

仮面ライダーキカイ

2121年の並行世界で活躍！

真紀那レント
（出演／入江甚儀）

ソウゴの夢の中に現れた機械生命体。人間の優しい感情をもつ。

→空中高く上昇し、必殺キック・キカイデハカイダーを敵の弱点に炸裂させる。

↑ジオウの動きを瞬時に分析し、最も有効な戦法を繰り出してくる。

正義のヒューマノイズ！

真紀那レントが変身する、2121年の並行世界の戦士。地球を狙う機械生命体ヒューマノイズから人間を守る。

仮面ライダーギンガ

宇宙より飛来した戦士！

↑大気圏突入時は、巨石形態・ロックプロテクションルックに変形。

↑衝撃波・ダイナマイトサンシャインで敵を弾き飛ばしてしまう。

↑格闘力にも優れ、強烈なキックやパンチを打ち出して敵を倒す。

太陽光がエネルギー源！

宇宙より飛来した正体不明の戦士で、太陽光がエネルギー源。光球を作り出して衝撃波やエネルギー波を放つ。

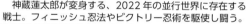

各時代の仮面ライダーたち

それぞれの世界を闘いぬいた戦士！

仮面ライダーディケイド（ネオディケイドライバーVer.）

門矢 士がネオディケイドライバーで変身した、ディケイドの新たな姿。タイムジャッカーから歴史を守り抜く。

ディケイドウィザード

ディケイドゴースト

ディケイドビルド

コンプリートフォーム21
ディケイド（ネオディケイドライバーVer.）の強化形態。全平成ライダー最強形態の力を発動。

門矢 士《つかさ》（出演／井上正大）
並行世界での旅を続ける次元戦士。時空間を自在に移動する。

カメンライド
ライダーカードの力でクウガからジオウまでの全平成仮面ライダーに変身する。

ディケイドアギト

ディケイド龍騎

ディケイド響鬼

ディケイドジオウ

仮面ライダーディエンド（ネオディエンドライバーVer.）

海東大樹がネオディエンドライバーで変身した、ディエンドの新たな姿。“お宝”を狙う。

海東大樹（出演／戸谷公人）
珍しい物を手に入れるためには、タイムジャッカーにも手を貸す。

カメンライド
ライダーカードの力で全平成仮面ライダーを召喚し、自由自在に操る。

仮面ライダーバース

仮面ライダーアクセル

仮面ライダースペクター

仮面ライダーブレイブ クエストゲーマーLV2

仮面ライダービルド ラビットタンクフォーム / 仮面ライダークローズ

2017年の世界でスマッシュと対決した仮面ライダーたち。ソウゴにビルドライドウォッチを託す。

↑グリス、ローグもジオウの闘いに協力し、敵に立ち向かった。

桐生戦兎《せんと》（出演／犬飼貴丈）
ビルドに変身する青年。仮面ライダーの記憶を失い、葛城 巧と名乗った。

万丈龍我（出演／赤楚衛二）
クローズに変身する青年。戦兎と共に喫茶店・Nascitaで働いていた。

猿渡一海（出演／武田航平）
グリスに変身する青年。北都政府の戦士だったが、戦兎の仲間となる。

氷室幻徳（出演／水上剣星）
ローグに変身する男性。並行世界の危機を知り、戦場へと赴いて活躍した。

仮面ライダーエグゼイド アクションゲーマーLV2

宝生永夢（出演／飯島寛騎）
エグゼイドに変身する、聖都大学附属病院・小児科の医師。

2016年の世界でバグスターと対決していた戦士。ガシャコンブレイカーを使用。

仮面ライダーブレイブ クエストゲーマーLV2

鏡 飛彩《ひいろ》（出演／瀬戸利樹）
ブレイブに変身する天才外科医。冷静な性格で、失敗しない。

エグゼイドと協力しバグスターから世界を守り抜く。ガシャコンソードが武器。

仮面ライダーフォーゼ ベースステイツ

天ノ川学園高等学校の教員、如月弦太朗が変身。2011年にゾディアーツと闘った。

仮面ライダーファイズ

2003年の世界で敵と対決していたが、必殺技の寸前に変身が解除された。

乾 巧（出演／半田健人）
ファイズに変身する青年で、その正体はウルフオルフェノク。

草加雅人（出演／村上幸平）
仮面ライダーカイザに変身。アナザーライダーを追っていた

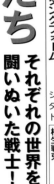

仮面ライダービースト

（出演／永瀬匡）
仁藤攻介

ビーストに変身する青年。神社にテントを張って野宿していた。

仮面ライダーウィザード ウォータードラゴン

操真晴人が変身する戦士。水の魔法でファントムを倒す。

2012年の世界で活躍した。クローズにウィザードライドウォッチを託す。

仮面ライダーオーズ タトバコンボ

（出演／渡部秀）
火野映司

オーズに変身する国会議員。理想を実現させるために活動。

2010年の世界でグリードと対決。３種のコアメダルで姿と戦闘力を変化させる。

仮面ライダー鎧武 オレンジアームズ

2013年の世界でインベスと対決。優れた剣の使い手であり、強敵をも斬り倒す。

（出演／佐野岳）
葛葉紘汰

鎧武に変身するフリーターの青年で、「始まりの男」でもある。

（出演／小林豊）
駆紋戒斗

バロンに変身するダンサーで、チームバロンのリーダーだった。

仮面ライダーゴースト オレ魂

2015年の世界で活躍。ソウゴにゴーストライドウォッチを託した。

（出演／西銘駿）
天空寺タケル

ゴーストに変身。不可思議現象研究所の一員である。

仮面ライダースペクター

ゴーストと力を合わせ、眼魔の人間世界への攻撃を阻止した戦士。

（出演／山本涼介）
深海マコト

スペクターに変身。眼魔コマンドの集団と対決した。

仮面ライダーブレイド
仮面ライダーカリス

（出演／椿隆之）
剣崎一真

ブレイドに変身。始と再会して再び激突してしまう。

2004年の世界でアンデッドと対決。２体ともジョーカーであり、闘うと世界が破滅する。

（出演／森本亮治）
相川始

カリスに変身。アナザーブレイドの力で人間になる。

仮面ライダーアギト グランドフォーム

2001年の世界で活躍。アナザーアギトに変身能力を奪われた。

（出演／賀集利樹）
津上翔一

アギトに変身するシェフ。渡仏し、料理の修業をした。

フレイムフォーム

ストームフォーム

トリニティフォーム

仮面ライダーG3

警視庁未確認生命体対策班・G３ユニットに所属する戦士たち。

仮面ライダー響鬼

2005年の世界で魔化魍と闘った音撃戦士。現在は変身者が違う。

京介変身体

免許皆伝前の音撃戦士。コードネームがなく、戦闘力も高くない。

（出演／中村優一）
桐矢京介

京介変身体から響鬼への変身が可能になった青年。

仮面ライダー轟鬼

響鬼と共に魔化魍と対決していた。アナザー響鬼に立ち向かう。

（出演／川口真五）
トドロキ

轟鬼に変身。１日弟子となったウォズに助言を与えた。

仮面ライダーキバ キバフォーム

紅 渡が変身する戦士で、2008年の世界でファンガイアと対決した。

仮面ライダーカブト

マスクドフォーム

2006年の世界で活躍した戦士の第１形態。天道総司が変身。

ライダーフォーム

カブトの第２形態。人間には視認できない速度で活動できる。

ライダーフォーム

仮面ライダーガタック

カブトと共に敵と闘った戦士の第２形態。カッター攻撃が得意。

マスクドフォーム

ガタックの第1形態。超怪力と防御力が自慢。

（出演／佐藤祐基）
加賀美新

ガタックに変身する青年。ワームを追跡する。

仮面ライダーキックホッパー

バッタの力を秘めた戦士。左脚を強化。

（出演／徳山秀典）
矢車想

キックホッパーに変身して闘う青年。

仮面ライダーパンチホッパー

アンカージャッキで右腕の力を強化。

（出演／内山眞人）
影山瞬

パンチホッパーに変身して闘う青年。

仮面ライダー電王 ソードフォーム

野上良太郎にモモタロスが憑依し、変身する戦士。2007年の世界でイマジンと対決した。剣の攻撃が得意。

クライマックスフォーム

ソードフォームに３体のイマジンが憑依した強化形態。

4大イマジン

良太郎に力を貸すイマジン。時の列車・デンライナーで移動する。

仮面ライダーゼロノス アルタイルフォーム

桜井侑斗（出演／中村優一）

ゼロノスに変身する青年。ソウゴを倒そうと攻撃を仕掛けてきた。

電王と協力し、悪のイマジンから世界の歴史を守っていた。自身の記憶を消費して変身する。

デネブ

侑斗の活動をサポートするイマジン。かなりの料理好き。

ベガフォーム

アルタイルフォームにデネブが憑依して誕生する強化形態。

仮面ライダークウガ マイティフォーム

2000年の世界でグロンギと対決した勇者。五代雄介が変身する。

仮面ライダーW《ダブル》 サイクロンジョーカー

左 翔太郎とフィリップが変身。2009年の世界でドーパントと対決。

仮面ライダードライブ タイプスピード

2014年の世界でロイミュードと対決。特状課の泊 進ノ介が変身。

仮面ライダーアクア

湊ミハル（出演／荒井敦史）

アクアに変身。ツクヨミたちを未来に送り返そうとしていた。

2051年の世界から来た戦士。周囲の水や水蒸気を吸収し、戦闘力を強化する。

仮面ライダーエターナル

大道克己（出演／松岡充）

傭兵集団・NEVERの隊長。エターナルに変身し、暴れ回った。

スウォルツが作り出したアナザーワールドから出現した戦士。ジオウを襲う。

仮面ライダーマッハ

詩島剛（出演／稲葉友）

マッハに変身。アメリカ帰りのフリーカメラマンで明るい性格。

ドライブと力を合わせ、ロイミュードに立ち向かう。スピード攻撃を得意とする。

魔進チェイサー

チェイス（出演／上遠野太洸）

魔進チェイサーと仮面ライダーチェイサーになる、ロイミュード。

仮面ライダーがいない世界から現れた戦士。ゲイツとウォズに攻撃を仕掛ける。

仮面ライダー龍騎

城戸真司（出演／須賀貴匡）

龍騎に変身する青年で、ORE《オレ》ジャーナルの記者だった青年。

2002年の世界でミラーモンスターと対決し、ライダーバトルも展開。ドラグレッダーと契約。

己の願いを叶えるために仮面ライダーとなり、鏡の世界でライダーバトルに参加した者たち。

仮面ライダーナイト

剣士タイプの仮面ライダーで、秋山 蓮が変身。西洋剣を駆使した闘いが得意。

仮面ライダーライア

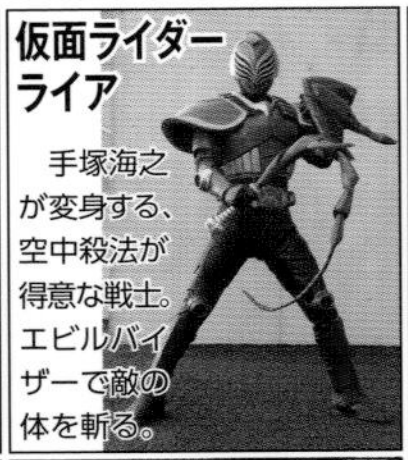

手塚海之が変身する、空中殺法が得意な戦士。エビルバイザーで敵の体を斬る。

仮面ライダーガイ

芝浦 淳が変身する、高い防御力と突進力を誇る戦士。卑劣な攻撃で敵を追い込む。

仮面ライダー王蛇

浅倉 威が変身。最凶の戦闘力を身につけた戦士。ベノサーベルで物体を破壊。

仮面ライダーゾルダ

由良吾郎が変身する、多くの重火器を使いこなす戦士。銃撃戦が得意である。

仮面ライダーベルデ

木村が変身する、変幻自在な攻撃で敵を粉砕する戦士。保護色で姿を消す。

仮面ライダーインペラー

石田が変身する、高い跳躍力と走力を身につけた戦士。素早く敵に襲い掛かる。

仮面ライダーシザース

石橋が変身する戦士。鋭く巨大なシザースピンチで物体を切断してしまう。

仮面ライダータイガ

戸塚が変身する戦士で、野獣のような攻撃が得意。手にデストクローを装着。

仮面ライダーリュウガ

鏡の中の自身に取り込まれた真司が変身した悪の戦士。龍騎と同等の力をもつ。

仮面ライダーアビス

名称不明の人物が変身した戦士。強烈なパンチを放ち、一撃で敵を吹き飛ばす。

仮面ライダーオーディン

13人の仮面ライダーの頂点に君臨する戦士。生命エネルギーを集めようとした。

ライドストライカー

ジオウとゲイツが乗る、スーパーマシン！

↑ウイリー状態で敵めがけて突進し、前輪で弾き飛ばす。

悪路も完全走破！

バイクライドウォッチのアクティブプッシュを押すことで変形・大型化し、搭乗が可能となるジオウとゲイツのスーパーバイク。

バイクライドウォッチ

ライドストライカーへの変形機能を有する、特殊なウォッチデバイス。

↑爆発の中を走行しても車体は損傷せず、タイヤもバーストしない。

ライドガジェット

強力な光弾銃や小型サポートメカに変形する機能を有した、マルチデバイス。未来科学で製作されている。

ファイズフォンX《テン》

ライドウォッチから携帯電話、銃に変形してエネルギー弾を放つ。

↑ブラスターモード

→フォンモード

タカウォッチロイド

ＡＩ搭載の鳥型サポートメカ。飛行能力を活かして偵察活動を行う。

コダマスイカアームズ

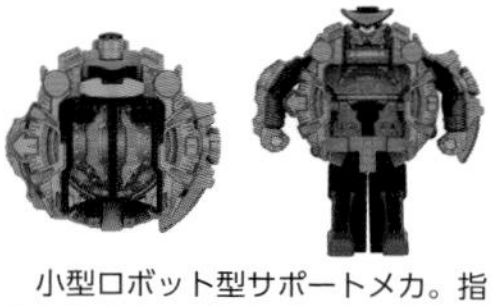

小型ロボット型サポートメカ。指先に強力なコダマシンガンを装備。

タイムマジーン

時空移送マシン！

ジオウ機

↑ビークルモード

←ロボモード

ジオウが搭乗するタイムマジーン。ライドウォッチの力でモードをチェンジ。

ゲイツ機

←ビークルモード

←ロボモード

ゲイツ専用のタイムマジーン。巨体だがスピード攻撃を行うことも可能。

人型戦闘モードに変形！

ジオウやゲイツたち未来人が搭乗する時空移送マシンで、人型戦闘モードへと変形させることも可能である。

オーズモード（ジオウ機）

ジオウ機が変形した機体。両腕に装備した巨大な爪で物体を引き裂く。

タジャドルコンボモード（ジオウ機）

ジオウ機が変形した機体。巨大な翼で空中を移動し、敵に襲い掛かる。

エグゼイドモード（ジオウ機）

ジオウ機が変形した機体。両腕のハンマーで物体を木っ端微塵に粉砕。

ゲンムモード（ゲイツ機）

ゲイツ機が変形した機体。「ドカンゲート」を利用した撹乱攻撃が得意。

ビルドモード（ジオウ機）

ジオウ機が変形した機体。右腕に装備したドリルで頑強な物体も貫く。

クローズモード（ゲイツ機）

ゲイツ機が変形した機体。パワーを活かし、敵と格闘戦を繰り広げる。

ビルドモード（ゲイツ機）

ゲイツ機が変形した機体。腕部に武装が追加され、突貫力が大幅に向上。

クウガモード（ジオウ機）

ジオウ機が変形した機体。格闘戦における破壊力が大幅に向上している。

ウォズ機

白ウォズ専用のタイムマジーン。ビークルモードは未確認。

量産型

時間移動を可能にする特殊ユニットが搭載されている。

A3型

仮面ライダーアクアが並行世界の未来から乗ってきた機体。

ウール機

ウールが操るタイムマジーンで、格闘戦で敵をねじ伏せる。

オーラ機

オーラが操る翼竜形態のタイムマジーン。空中を飛行する。

50年後を懸けた闘い!

↑2068年の世界では、未来の常磐ソウゴであるオーマジオウが圧制を敷き、人々を苦しめていた。

↑未来人のツクヨミや明光院ゲイツが現代に現れ、ソウゴを襲撃。

ソウゴは、謎の予言者・ウォズから与えられたジクウドライバーで仮面ライダージオウに変身。タイムジャッカーが放ったアナザービルドに立ち向かう。

→敵を倒したジオウの前にゲイツが登場。仮面ライダーゲイツに変身し、襲い掛かってきた。

→ゲイツと一応の和解をしたソウゴは、ライダーアーマーの力でアナザーファイズに挑む。

→3日後の未来から来たジオウと協力。オーズアーマーを装着してアナザー鎧武と闘う。

ゲイツから渡されたディケイドライドウォッチで、強化形態・ディケイドアーマーに変身。敵の集団を撃破した。

俺が選んだ〝道〟!

王様になることを夢見る青年・常磐ソウゴは、50年後の運命を変える闘いを開始。未来から来たレジスタンスのツクヨミや、自分の命を狙っていた明光院ゲイツと共同戦線を張り、人類を脅かす存在に挑んでいった。

平成ライダーの歴史を修正する！

↑「通りすがりの仮面ライダー」門矢士は、タイムジャッカーとも接触。

ソウゴはディケイドの力で50年後の未来へ送られ、オーマジオウに敗れる。

ウォズに酷似した未来人・白ウォズ出現し、ゲイツを「我が救世主！」呼んで崇めるが、その真意とは？

↑ソウゴに敵意を抱く青年・加古川飛流がアナザージオウに変身し、攻撃してきた。

↑ジオウⅡの力でアナザージオウに対抗。サイキョージカンギレードを振るった。

↑ゲイツ、ウォズと一体化してジオウトリニティとなり、強敵を粉砕していく。

↑初恋の女性と重ね合わせていた北島祐子の真実を知り、驚きを隠せないソウゴ。

↑闘いのなか、最強形態・グランドジオウの力を手に入れ、アナザー電王と激闘。

↑再び2068年の世界でオーマジオウに挑むが、グランドジオウの力でも敵わない。

↑飛流が変身したアナザージオウⅡによって時間が書き換えられ、危機に陥る。

↑ソウゴはグランドジオウに変身。これまでとは違った動きでアナザージオウⅡを追い詰めた後、自身が有する戦力をフルに発動して今度こそ完全に決着をつけた。

↑スウォルツがアナザーディケイドに変貌し、猛攻撃を開始する。

↑アナザーワールドから来た仮面ライダーエターナルに襲われた。

↑ジオウトリニティの力を認め、ソウゴを現代に戻すオーマジオウ。

↑ついにソウゴがオーマジオウに変身し、それをウォズが祝福。

↑強大なパワーが漲る必殺キックをアナザーディケイドに放つ。

↑最強の王の力を手に入れたソウゴは、歴史を作り直し、ゲイツやツクヨミたちと共に2018年の高校生となって新たな人生を歩み始めた。

常磐SOUGOが変身！ 仮面ライダーバールクス

↑ソウゴの命を奪い、平成の世界を作り替えようと企てていた。

↑ザモナスとゾンジスを従え、攻撃を仕掛けた。巨大化能力をもつ。

↑強烈なパンチやキックを使い、ジオウと格闘戦を繰り広げる。

常磐SOUGO（出演／ISSA（DA PUMP））

クォーツァーのリーダーで、ウォズと同じ世界から来た未来人。

クォーツァー

「歴史の管理者」を名乗る集団。カッシーンやダイマジーンを操る。

平成ライダーの力を無効化する！

常磐ＳＯＵＧＯが変身する戦士。仮面ライダーＢＬＡＣＫ ＲＸのリボルケインに似た長剣を武器とし、平成ライダーの力を無効化する能力を駆使してジオウらを襲う。

主要登場人物

常磐順一郎（出演／生瀬勝久）

ソウゴの大叔父で、時計店クジゴジ堂のオーナー。

隊長（出演／横山一敏）

レジスタンスのリーダー 攻撃からツクヨミを救った

神蔵紅芭《いろは》（出演／華村あすか）

蓮太郎の妹と言われているが実は虹蛇の姫君だった

クォーツァーのジョウゲンが変身！ 仮面ライダーザモナス

野性的な戦士！

ジョウゲンが変身した戦士。野性的で俊敏な動きで敵と対決し、専用のボウガンで体を撃ち抜く。また、空中キックも得意。

ジョウゲン（出演／斉藤秀翼）

クォーツァーのメンバー。冷静な性格で知略にも長け、奇襲が得意。

↑素早い空中回転でジオウたちを翻弄。死角から攻撃を展開し、止めを刺そうとする。

クォーツァーのカゲンが変身！ 仮面ライダーゾンジス

肉弾戦が得意！

カゲンが変身した戦士で、怪力を活かした肉弾戦が得意。防御力が高く、胸部から強烈な破壊力を誇るミサイルを発射する。

カゲン（出演／ババヤン鈴木）

クォーツァーのメンバーで粗暴な性格。カッシーンを部下にしていた。

↑忍者集団を率いて登場。森林でジオウたちを襲った。残忍な攻撃でゲイツを苦しめた。

シノビのライバル！ 仮面ライダーハッタリ

忍術戦法で攻撃！

今生勇道が変身する2022年の戦士。シノビに対抗意識を燃やし、一時的に闇忍と手を組んだが、最終的には共闘して悪に挑む

今生勇道（出演／財木琢磨）

今生カンパニーの御曹司で忍術大会実行委員。神蔵紅芭に好意を抱く。

↑優れた剣技や様々な忍術を駆使し、シノビと共に手強敵、闇忍を撃破した。

タイムジャッカー

世界の歴史を改変しようと目論む謎の未来人。"時の王者"を擁立しようとした。

スウォルツ

（出演／兼崎健太郎）

タイムジャッカーのリーダー的存在で冷徹な人物。並行世界の融合を企む。

↑並行世界に存在する王家の一員で、ツクヨミの実の兄。

アナザーディケイド

スウォルツが変身した姿。アナザーワールドからダークライダーを召喚できる。

オーラ

（出演／紺野彩夏）

大人びた雰囲気を持ったクールビューティー。エネルギーの槍を生成する。

↑アナザーウォッチの力で人間をアナザーライダーに変貌させ、悪の計画に利用した。

↑スウォルツの命令でツクヨミを拉致した後、真意を知って命を狙われるようになる。

ウール

（出演／板垣李光人）

無邪気な面をもち、アナザーライダーを使って騒動を起こすことを楽しむ。

↑相手に対して尊大な態度を取ることが多い、自信家。

アナザーキカイ

ウールがアナザーキカイウォッチを生み出すための触媒にされ、変貌した姿。

アナザーライダー、怪人

タイムジャッカーがライドウォッチで人間を変貌させて生み出す、時の王者の候補。

アナザービルド

バスケ選手（出演／森 大成）

相性の良い2種のフルボトルを組み合わせて力を強化。バスケットボール型の火球を放つ。

ストロングスマッシュハザード

2017年の世界でビルドとクローズが対決した怪人。パワーアームで怪力パンチを放つ。

アナザーエグゼイド

飯田（出演／児玉貴志）

ゲーム世界と現実を自在に行き来し、アクロバティックな戦闘スタイルで攻撃を仕掛ける。

バグスターウイルス（酷似）

アナザーエグゼイドが発生させた、コンピューターウイルスに酷似した怪人たち。

アナザーフォーゼ

佐久間龍一（出演／水石亜飛夢）

スイッチ型デバイスを利用し、天秤座生まれの18歳の女子高校生から生体エナジーを奪う。

アナザーファイズ

佐久間龍一（出演／水石亜飛夢）

アナザーフォーゼの外装が割れて出現。天秤座の女子高校生を生体エナジーに変換し、吸収。

アナザーウィザード

早瀬（出演／粟島瑞丸）

左手の指輪をベルトにかざすことで様々な魔法を発動させ、敵を追い詰める。格闘力も高い。

アナザーオーズ

檀 黎斗（出演／岩永徹也）

タカ・トラ・バッタの能力を併せ持ち、それを活かした戦闘スタイルで闘う。鋭い爪が武器。

屑ヤミー（酷似）

アナザーオーズがメダルを使って生み出した怪人。屑ヤミーに酷似。

初級インベス（酷似）

ヘルヘイムの森に棲む怪人で初級インベスに酷似。性質はかなり凶暴。

アナザー鎧武

アスラ（出演／友常勇気）

大剣を駆使した剣術が得意。亜空間に干渉し、亀裂を生じさせてヘルヘイムへ続く扉を開く。

アナザーゴースト

マキムラ（出演／堀池直毅）

人間の魂を抜き取り、胸の眼に吸収。抜き取った魂からパーカーを生み出して自身を強化。

眼魔コマンド（酷似）

アナザーゴーストが召喚した怪人集団。眼魔コマンドに酷似している。

ダイマジーン

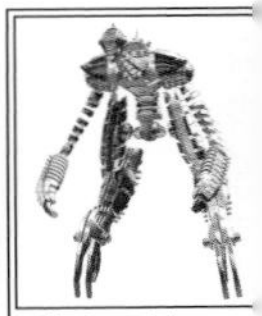

オーマジオウがコントロールする巨大な破壊兵器。都市破壊に使用。

カッシーン

オーマジオウが2018年に送り込んだ兵士。完全自律型ＡＩを搭載し、使命を実行する。

フータロス

イマジンの一種。投げやりな態度を取るが、少年をティードから守る味方だった。

アナザーダブル

ティードが操るアナザーライダー。黒煙を纏う竜巻を生成し、中に入って空中を移動。

アナザー電王

久永アタル（出演／福崎那由他）

ティードが操るアナザーライダー。デンガッシャーのような４本の短剣を使い、敵に攻撃を仕掛けていく。

アナザーデンライナー

ティードたちが乗る、アナザー電王専用の時の列車。過去や未来の世界に移動できる。

アナザークウガ

ティード（出演／大東駿介）

ティードが変身した姿。巨大な体軀に長い腕を有し、怪力を活かした格闘戦を得意とする。

アナザークウガアルティメット

アナザークウガよりもさらに巨大な怪人で、４本の肢と羽根を有する。

怪人軍団

ティードが操る怪人で、グールや初級インベス、ロイミュードらが出現。

ダスタード（酷似）

ダスタードという怪人に酷似した忍者集団。剣で敵を窮地に追い込む。

アナザーシノビ

神蔵蓮太郎

シノビが会得した忍法を駆使し、悪人を襲った。腕に装着した鉤爪で敵の体を引き裂く。

アナザークイズ

堂安保（出演／斉藤陽一郎）

旺盛な知識欲で他者の知識を奪い、自らのものとする。戦闘力は高くなく格闘は苦手らしい。

アナザーリュウガ

ミラーワールドの城戸真司（出演／須賀貴匡）

鏡の中の異世界と現実世界を移動し、鏡で受けた攻撃を跳ね返す。大剣と右腕の龍で攻撃。

ヒューマノイズ

並行世界の地球を支配する機械生命体。人間と区別できない。

アナザージオウ

加古川飛流（出演／佐久間悠）

アナザーウォッチで他のアナザーライダーに変身することが可能。時計の針に似た剣が武器。

アナザーライダー軍団

（第28話）

アナザージオウがウールの助力を得て率いたアナザーライダーの大集団。

アナザーブレイド

栗原天音（出演／梶原ひかり）

剣崎と始を吸収したアナザーブレイドが唯一のジョーカーとなった姿。

ブレイラウザーに似た大剣を振り回し、物体を一撃で粉砕してしまう。

闇忍

虹蛇の暗殺部隊の忍者。闇遁術と呼ばれる忍術を用いて敵の命を奪う。

ダスタード

シノビやハッタリと対決した悪の忍者集団。剣を使って攻撃してくる。また、格闘力も高い。

バズスティンガー

鏡の中に棲むミラーモンスター。人間を異世界に引き込んで食する。

アナザー龍騎

加納達也

人間の生命エネルギーを集めるため、恐るべきゲームを始めた。大刀を振るって物体を切断。

アナザーアギト

人間を襲い、自身と同じ姿に変える力を有する。2本の鋭い剣が武器。

アナザーアギト化した人間

人間に噛みついてその体をアナザーアギト化し、次次と仲間を増やす。

アナザー響鬼

鼓屋ツトム
(出演／林 カラス)

伸縮自在の金棒に炎を纏わせて敵を攻撃し、強烈な火炎弾を発射。また、口から火炎を吐く。

アナザーキバ

北島祐子
(出演／釈 由美子)

伸ばした爪を敵に突き刺し、体をステンドグラス状態にして粉砕する。3種の武器を駆使。

バッシャー、ガルル、ドッガ

アナザーキバが従える3体のアームズモンスター。それぞれ銃、剣、槌に変形する。

次狼(ガルル)
(出演／松田賢二)

アナザーカブト

矢車 想
(出演／徳山秀典)

高速行動能力・クロックアップで攻撃。ワームが擬態した弟分・影山 瞬を守るために闘った。

ワーム(サナギ体)

隕石と共に飛来した地球外生命体。人間に擬態し、社会で暗躍を続ける。

グリラスワーム

ワーム(サナギ体)が脱皮した姿で、コオロギに似た能力を有する。

アナザー電王

(第39話～第40話)

遠藤タクヤ
(出演／後藤 大)

荒々しい攻撃を得意とし、デンガッシャーに似た短剣を駆使して敵と対決した。動きも機敏。

モールイマジン

未来人の精神体であるモグラの怪人。右手の鉤爪で敵の装甲を引き裂く。

アナザージオウII

加古川飛流
(出演／佐久間 悠)

アナザーライダーを召喚して意のままに操る、アナザージオウの強化形態。2本の剣が武器。

(第41話～第43話)

アナザーライダー軍団

アナザージオウⅡが指揮する、かつてジオウたちに倒されたアナザーライダーの集団。恐るべき戦闘力を発揮。

アナザーダブル

(第43話)

ウールたちへの刺客としてスウォルツが差し向けた。素早い格闘戦が得意。

(第43話)

アナザークウガ

巨大な戦士で、背中の羽根を使った飛行や口から吐く火球で敵を攻撃する。

(Over Quartzer)

カッシーン軍団

ゾンジスが操る戦闘兵士。専用の槍使って敵の体を一撃で貫いてしまう。

アナザードライブ

機械生命体が変身したオーラ
(出演／紺野彩夏)

重加速現象を発生させ、物体の動きを極端に遅くする。タイヤ状のエネルギー弾を撃ち出す。

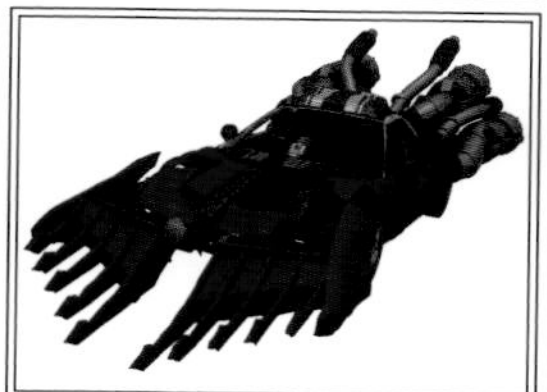

アナザートライドロン

アナザードライブが召喚する、モンスターマシン。最高速度は560km/h。

怪人軍団

アナザーディケイドがアナザーワールドから召喚した、ダークライダーたち。

アナザー

白ウォズ
(出演／渡邊圭祐)

白ウォズが変身。悪の怪人を出現させ、ゲイツマジェスティを襲った。エネルギー波を放つ。

(NEXT TIMEゲイツ、マジェスティ)

カッシーン軍団

アナザーディエンドが操る戦闘兵士で、鋭い槍を敵に突き立てて装甲を破壊する。集団攻撃を得意としていた。

アークオルフェノク

アナザーディエンドが召喚した怪人。手の先から強烈な光弾を連続で発射してくる。

スミロドン・ドーパント

アナザーディエンドが召喚した怪人。野獣のような攻撃と目から放つ光弾が2大戦力。

恐竜グリード

アナザーディエンドが召喚した怪人。凍結能力や物体を無にする力を有していた。

仮面《かめん》ライダー大全《たいぜん》 平成編《へいせいへん》 下《げ》

[キャラクター大全《たいぜん》コンパクト]

2022年4月28日 第1刷発行

講談社編

編集・構成・執筆 小野浩一郎(エープロダクション)
コンパクト版デザイン ナックスタイル
飯田真紀(Heliopolis Inc.)
デザイン ガナス
監修 石森プロ・東映

発行者 鈴木章一
発行所 株式会社 講談社
〒112-8001 東京都文京区音羽2-12-21
電話 03-5395-4021(編集)
03-5395-3625(販売)
03-5395-3615(業務)

KODANSHA

印刷所 共同印刷株式会社
製本所 大口製本印刷株式会社

定価はカバーに表示してあります。

*本書は、2012年に『キャラクター大全 仮面ライダー大全 平成編 AD2000-2011』として刊行された書籍の、「仮面ライダーW」「仮面ライダーオーズ」の要素をコンパクト化して再編集したものと、「仮面ライダーフォーゼ」から「仮面ライダージオウ」までの新規編集要素によって構成されています。

N.D.C.778 224p 20cm
ISBN978-4-06-527724-9